ジュニア版 名作に強くなる!

枕草子

歴史がおもしろい

MAKURA-NO-SOSHI: HISTORY'S FASCINATING SIDE

時海結以 著
赤間恵都子 監修

世界文化社

はじめに

その時代《じだい》、藤原定子《ふじわらのさだこ》という、若《わか》くして亡《な》くなり歴史《れきし》に埋《うず》もれる可能性《かのうせい》の高《たか》かったひとりの女性《じょせい》について書《か》き残《のこ》したのが、清少納言《せいしょうなごん》です。一条《いちじょう》の帝《みかど》にもっとも愛《あい》された彼女《かのじょ》は、同《おな》じく一条《いちじょう》の帝《みかど》の妻《つま》となった自《じ》分《ぶん》の娘《むすめ》と生《う》まれた孫《まご》を高《たか》く見《み》せたい藤原道長《ふじわらのみちなが》によって、悪妻《あくさい》として名《な》を残《のこ》すかもしれなかったのです。

しかし、『枕草子《まくらのそうし》』によって明《あか》るく知的《ちてき》で、性格《せいかく》のよいすばらしい女《じょ》性《せい》だと千年後《せんねんご》にも伝《つた》わっています。

『枕草子《まくらのそうし》』は三《みっ》つのタイプの文章《ぶんしょう》が、ごちゃ混《ま》ぜに並《なら》べられたものです。一《ひと》つは「わたしが好《す》きなもの」「そういうことあるある」を並《なら》べる、一《ひと》つは季節《きせつ》の美《うつく》しさや周囲《しゅうい》のできごとへの感慨《かんがい》、そしてもう一《ひと》つは定子《さだこ》のそばにいて起《お》きたこととの思《おも》い出話《でばなし》。『枕草子《まくらのそうし》』の「そういうことあるある」といつの世《よ》にも思《おも》える部分《ぶぶん》はとても楽《たの》しいもので、それだけでじゅうぶん後世《こうせい》に伝《つた》わる力《ちから》があるでしょう。

だいたんに想像《そうぞう》するなら、清少納言《せいしょうなごん》の本音《ほんね》はその楽《たの》しい部分《ぶぶん》の力《ちから》によって、合間《あいま》の思《おも》い出話《でばなし》に書《か》かれている定子《さだこ》の人《ひと》となりを、ともに伝《つた》えようとしたのかもしれません。

定子《さだこ》への尊敬《そんけい》と愛《あい》であふれる清少《せいしょう》納言《なごん》の思《おも》いが伝《つた》わって来《く》ると思《おも》うのですが、いかがでしょうか。

著《ちょ》・時海結以《ときうみゆい》

もくじ

本書について

- 本書は原作を現代語訳にしながら再構成したものです。本文に引用した枕草子の原文は、『枕草子』（池田亀鑑・校訂／岩波文庫）によりました。小学生から読みやすいよう、歴史的仮名遣いについては、編集部で現代仮名遣いや漢字に置き換えたり、ふりがなをふっています。
- イラストは、当時の資料をもとにしたイメージです。親しみやすくわかりやすく表現するため、実際と異なる場合があります。
- 作品の一部に、今日では不適切とされるような表現がありますが、作品が書かれた時代背景なども踏まえ、物語を知るうえで重要なできごとは採用しました。

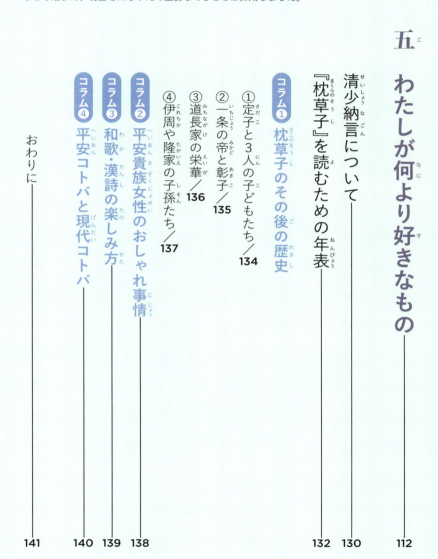

枕草子《まくらのそうし》ガイド

『枕草子《まくらのそうし》』の舞台《ぶたい》や、そこで暮《く》らす人《ひと》たちについて
作品《さくひん》を読《よ》む前《まえ》に知《し》っておきたいことをご紹介《しょうかい》します。

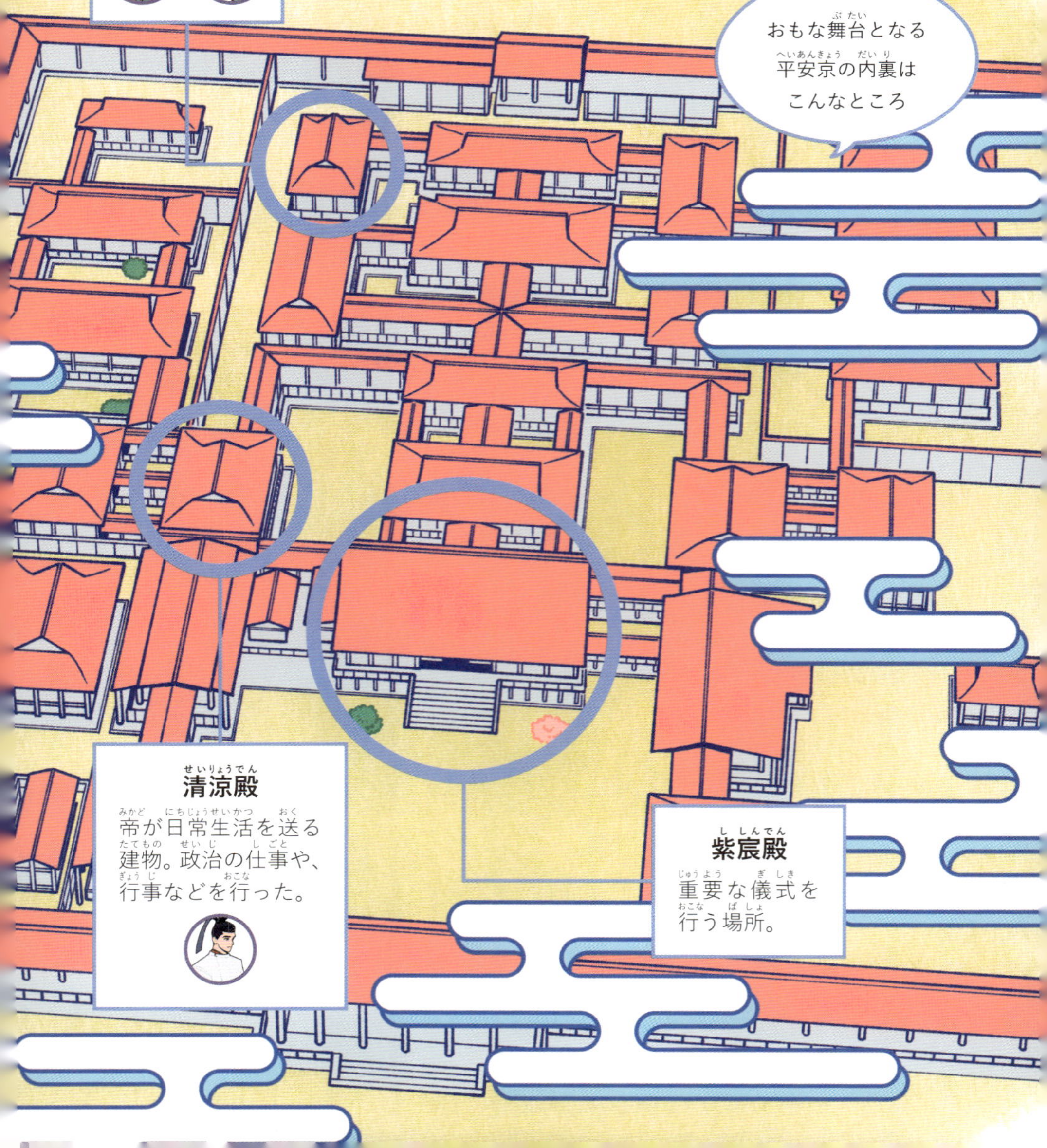

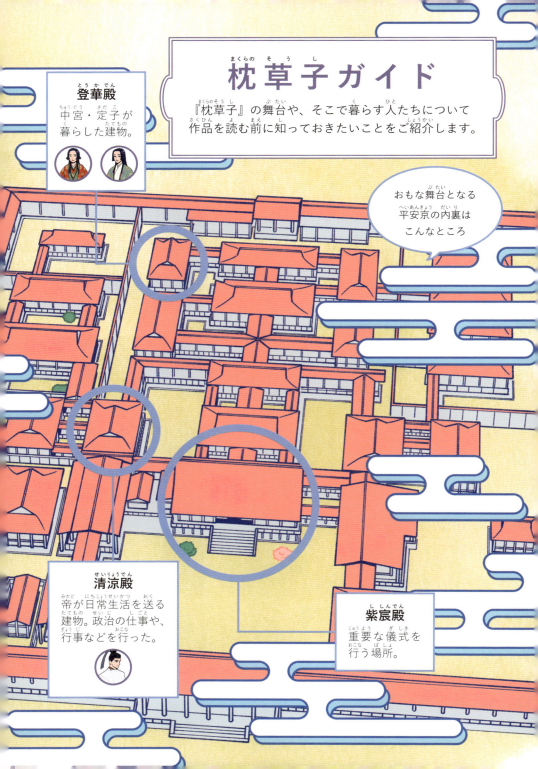

『枕草子《まくらのそうし》』は、藤原一族《ふじわらいちぞく》の政治争《せいじあらそ》いの中《なか》で書《か》かれた

枕草子《まくらのそうし》の舞台《ぶたい》となったのは「平安京《へいあんきょう》」で、現在《げんざい》の京都府京都市《きょうとふきょうとし》にあります。千年前《せんねんまえ》の日本《にほん》における政治《せいじ》や文化《ぶんか》の中心地《ちゅうしんち》でした。そこに帝《みかど》（天皇《てんのう》）やその家族《かぞく》が住《す》む「内裏《だいり》」という場所《ばしょ》があり、清少納言《せいしょうなごん》と彼女《かのじょ》が仕《つか》えた定子《さだこ》も内裏《だいり》で出会《であ》いました。

当時《とうじ》、有力《ゆうりょく》な貴族《きぞく》であった藤原一族《ふじわらいちぞく》によって「摂関政治《せっかんせいじ》」が行《おこな》われていました。摂関政治《せっかんせいじ》とは、自分《じぶん》の娘《むすめ》を帝《みかど》と結婚《けっこん》させ、その子《こ》を次《つぎ》の帝《みかど》にすることで、政治《せいじ》の力《ちから》を得《え》ることです。同《おな》じ藤原氏《ふじわらし》の中《なか》でも激《はげ》しい競争《きょうそう》がくり広《ひろ》げられていました。

枕草子《まくらのそうし》がわかるキーワード

①帝《みかど》のきさき

帝《みかど》に愛《あい》され子《こ》どもを産《う》むことは、家族《かぞく》の地位《ちい》や政治《せいじ》での力《ちから》を強《つよ》めるためにとても重要《じゅうよう》でした。一条《いちじょう》の帝《みかど》と結婚《けっこん》した定子《さだこ》は３人《にん》の子《こ》どもを産《う》みましたが、一族《いちぞく》の権力争《けんりょくあらそ》いに巻《ま》きこまれてしまいます。

②和歌《わか》や漢詩《かんし》

当時《とうじ》の貴族《きぞく》たちは、コミュニケーションをするうえで、和歌《わか》や漢詩《かんし》（昔《むかし》の中国《ちゅうごく》の詩《し》）をとても大切《たいせつ》にしていました。貴族《きぞく》たちからよい評価《ひょうか》を得《え》るために、また、一条《いちじょう》の帝《みかど》の関心《かんしん》をひくために、定子《さだこ》とその家族《かぞく》は文化活動《ぶんかかつどう》を盛《さか》んに行《おこな》いました。

登場人物《とうじょうじんぶつ》

【清少納言《せいしょうなごん》】

西暦《せいれき》966年《ねん》ごろに生《う》まれたとされる。父《ちち》・清原《きよはらの》元輔《もとすけ》は有名《ゆうめい》な歌人《かじん》だった。清少納言《せいしょうなごん》は職場《しょくば》での呼《よ》び名《な》で、本名《ほんみょう》はわからない。「清《せい》」は清原《きよはら》から、「少納言《しょうなごん》」は官職名《かんしょくめい》(仕事上《しごとじょう》の役割《やくわり》の名前《なまえ》)に由来《ゆらい》する。教養《きょうよう》があり頭《あたま》の回転《かいてん》が速《はや》く、女房《にょうぼう》として藤原定子《ふじわらのさだこ》に仕《つか》える。

女房《にょうぼう》として仕《つか》える

女房《にょうぼう》は「お世話係《せわがかり》」

女房《にょうぼう》とは宮廷《きゅうてい》や身分《みぶん》の高《たか》い貴族《きぞく》に仕《つか》え、房《ぼう》(部屋《へや》)をあたえられていた女性《じょせい》。主人《しゅじん》の身《み》のまわりの世話《せわ》や話《はな》し相手《あいて》、教育係《きょういくがかり》をつとめ、来客《らいきゃく》の対応《たいおう》もしていた。

きょうだい

【藤原伊周《ふじわらのこれちか》】

定子《さだこ》の兄《あに》。父《ちち》・道《みち》隆《たか》の死後《しご》、叔父《おじ》にあたる道長《みちなが》と権力《けんりょく》争《あらそ》いをする。

【藤原隆家《ふじわらのたかいえ》】

定子《さだこ》の弟《おとうと》。藤原道《ふじわらのみち》隆《たか》の息子《むすこ》として出《しゅっ》世《せ》していたが、重《じゅう》大《だい》な事件《じけん》を起《お》こす。

当時《とうじ》の結婚《けっこん》で妻《つま》が何人《なんにん》もいた理由《りゆう》

当時《とうじ》、帝《みかど》や貴族《きぞく》にとって、家族《かぞく》や血《ち》筋《すじ》を保《たも》つことはとても重要《じゅうよう》でした。多《おお》くの妻《つま》をもつことで、たくさんの子《こ》どもを得《え》ることができ、後《あと》つぎの子《こ》を確保《かくほ》しやすくなりました。

【一条《いちじょう》の帝《みかど》】

第《だい》66代天皇《だいてんのう》。先代《せんだい》の花山天皇《かざんてんのう》が退位《たいい》したため、7歳《さい》（数《かぞ》え年《どし》。満年齢《まんねんれい》で6歳《さい》）で天皇《てんのう》の位《くらい》についた。11歳《さい》のとき、14歳《さい》（15歳《さい》とも）の定子《さだこ》と結婚《けっこん》。漢詩《かんし》や漢文《かんぶん》を好《この》んだ。

夫婦《ふうふ》

夫婦《ふうふ》

【藤原彰子《ふじわらのあきこ》】

藤原道長《ふじわらのみちなが》の娘《むすめ》。12歳《さい》(満年齢《まんねんれい》で11歳《さい》)のときに、20歳《さい》の一条《いちじょう》の帝《みかど》と結婚《けっこん》する。

【藤原定子《ふじわらのさだこ》】

一条《いちじょう》の帝《みかど》の妻《つま》。中宮《ちゅうぐう》（帝《みかど》の正式《せいしき》な妻《つま》）となる。和歌《わか》や漢詩《かんし》が得意《とくい》だった母《はは》・高階貴子《たかしなのたかこ》の才《さい》を受《う》けつぎ、明《あか》るく才気《さいき》に満《み》ちた美《うつく》しい女性《じょせい》。

親子《おやこ》

親子《おやこ》

兄弟《きょうだい》

【藤原道長《ふじわらのみちなが》】

藤原道隆《ふじわらのみちたか》の弟《おとうと》。道隆《みちたか》の死後《しご》、伊周《これちか》と政治《せいじ》争《あらそ》いをする。

【藤原道隆《ふじわらのみちたか》】

藤原兼家《ふじわらのかねいえ》の長男《ちょうなん》として急速《きゅうそく》に出世《しゅっせ》し、権力《けんりょく》をにぎった。

春《はる》はあけぼの。
やうやう《（ようよう）》しろくなりゆく、
山《やま》ぎは《（わ）》すこしあかりて、
むらさきだちたる雲《くも》の
ほそくたなびきたる。

（春《はる》は、明《あ》け方《がた》。
東《ひがし》の夜空《よぞら》がだんだん明《あか》るくなっていって、
山《やま》の上《うえ》の色《いろ》が少《すこ》し赤《あか》みをおび、
そこに紫《むらさき》がかった色《いろ》の雲《くも》が
細長《ほそなが》くうかんでいるのがきれい。）

一《いち》　定子《さだこ》さまからいただいた紙《かみ》

『春《はる》は、明《あ》け方《がた》。東《ひがし》の夜空《よぞら》がだんだん明《あか》るくなっていって、山《やま》の上《うえ》の色《いろ》が少《すこ》し赤《あか》みをおび、そこに紫《むらさき》がかった色《いろ》の雲《くも》が細長《ほそなが》くうかんで

いるのがきれい』

真《ま》っ白《しろ》くつやつやしたきれいな紙《かみ》に、思《おも》いきってそう書《か》いた。墨《すみ》の線《せん》の黒《くろ》い色《いろ》と、香《かお》り立《た》つにおいに顔《かお》を近《ちか》づけ、わたしは息《いき》を深《ふか》くすいこんだ。

「うん。よし、いいかんじかも」

定子《さだこ》さまからいただいた、大切《たいせつ》な大切《たいせつ》な紙《かみ》だ。

「あなたの好《す》きなことをなんでも書《か》きなさい」

と定子《さだこ》さまはおっしゃってくださった。

だから、わたしはわたしの好《す》きなものについて、この紙《かみ》に書《か》きとめる。

みんな寝《ね》静《しず》まっていて、風《かぜ》の音《おと》すらしない。手《て》をのばして御簾《みす》★のはしをほんのちょっぴり開《あ》けると、まさに、建物《たてもの》の屋根《やね》ごしに今《いま》書《か》いたとおりの東《ひがし》の空《そら》が見《み》えた。

★御簾《みす》…竹《たけ》や葦《あし》などを編《あ》んで作《つく》られるすだれ。風《かぜ》を通《とお》したり、目《め》かくしに使《つか》われる。

春《はる》の夜《よ》明《あ》け前《まえ》の空《そら》――あけぼの。何《なに》をこの紙《かみ》に書《か》こうか、考《かんが》えすぎてよくねむれないまま早起《はやお》きしてしまったわたしは、今《いま》のこの景色《けしき》を、このわくわくどきどきした気持《きも》ちを、書《か》くことにした。

どうせなら、続《つづ》きは、四季《しき》それぞれの好《す》きな時間《じかん》を書《か》いてみよう。

『夏《なつ》は夜《よる》。月《つき》の明《あか》るい夜《よる》はもちろんだけれど、月《つき》のない闇夜《やみよ》もやはりいい。ほたるがたくさん飛《と》んで、あわい光《ひかり》が舞《ま》いみだれているのがいいし、一《いっ》ぴきか二《に》ひきだけ、光《ひかり》を点滅《てんめつ》させながらふわふわっと飛《と》んで過《す》ぎるのもいい。雨《あめ》が降《ふ》るのもすてき。

秋《あき》は夕暮《ゆうぐ》れ。夕日《ゆうひ》が射《さ》して、山《やま》のてっぺんに近《ちか》づいたころ、からすが寝場所《ねばしょ》へ帰《かえ》ろうと、三羽四羽《さんわよわ》、二羽三羽《にわさんわ》、と連《つ》れだって急《いそ》いで飛《と》んでゆくのが、心《こころ》をしみじみとさせる。

まして、雁《かり》★の群《む》れが列《れつ》になって小《ちい》さく天高《てんたか》く見《み》えるのは、感動《かんどう》すらおぼえる。日《ひ》がしずみきって暗《くら》くなり、風《かぜ》の音《おと》、虫《むし》の声《こえ》などが

★雁《かり》…マガン。全体《ぜんたい》が黒《くろ》っぽい茶色《ちゃいろ》の大型《おおがた》の水鳥《みずどり》。日本《にほん》に秋《あき》に飛来《ひらい》して春《はる》に北国《きたぐに》に飛《と》び立《た》つ。V字形《ブイじがた》に列《れつ》を作《つく》って飛《と》ぶ姿《すがた》が絵《え》にかかれた。

聞《き》こえてくるのは、もう言《い》うまでもない。

冬《ふゆ》は早朝《そうちょう》。雪《ゆき》が降《ふ》ったときは当然《とうぜん》だけれど、晴《は》れて霜《しも》が真《ま》っ白《しろ》に輝《かがや》くときも、そうでなくても、とても寒《さむ》いときに炭火《すみび》を急《いそ》いでおこしてあちこちの部屋《へや》の火鉢《ひばち》★に配《くば》ってあるくのは、いかにも冬《ふゆ》の朝《あさ》らしくて気持《きも》ちがよい。

でも、昼《ひる》になって気温《きおん》が上《あ》がるころ、炭《すみ》も白《しろ》い灰《はい》ばかりになってしまうのはがっかりする』

そう、わたしは夏《なつ》はすごく暑《あつ》いのが好《す》きだし、冬《ふゆ》はこごえるほど寒《さむ》いのが好《す》き。はっきりくっきりとしているのがいい。ぼんやりと、あいまいなのはきらい。

好《す》きなものなら、たくさんある。

『時節《じせつ》は、正月《しょうがつ》、三月《さんがつ》、四月《しがつ》、五月《ごがつ》、七月《しちがつ》、八月《はちがつ》、九月《くがつ》、十一月《じゅういちがつ》に十二月《じゅうにがつ》……すべて、そのときそのときに応《おう》じて、すばらしく、すて

★火鉢《ひばち》…炭火《すみび》を使《つか》って暖《あたた》かくするための道具《どうぐ》。

きなところがある――』

この宮中《きゅうちゅう》★で、わたしは清少納言《せいしょうなごん》と呼《よ》ばれている。一条《いちじょう》の帝《みかど》★さまの中宮《ちゅうぐう》★であられる定子《さだこ》さまに、世話係《せわがかり》やお話相手《はなしあいて》としてお仕《つか》えしている身《み》だ。

お仕《つか》えを始《はじ》めたのは冬《ふゆ》のことだった。定子《さだこ》さまはとても身分《みぶん》の高《たか》いかたなので、初《はじ》めはとにかく緊張《きんちょう》することばかりで、泣《な》いてしまいそうだった。

知《し》らない人《ひと》たちに自分《じぶん》の顔《かお》を見《み》られるのがはずかしくて★、姿《すがた》がよく見《み》えない夜《よる》にばかり自分《じぶん》の部屋《へや》から出《で》ていって、大《おお》きな几帳《きちょう》★のかげでかくれるようにして待機《たいき》した。

定子《さだこ》さまがわたしに気《き》づき、絵《え》をさしだしてくださる。けれど、体《からだ》ががちがちに固《かた》まったわたしは、受《う》けとるための手《て》さえもまった

★**宮中《きゅうちゅう》**…天皇《てんのう》とその家族《かぞく》の住《す》まい。　★**帝《みかど》**…天皇《てんのう》のこと。
★**中宮《ちゅうぐう》**…天皇《てんのう》の妻《つま》の中《なか》でも特《とく》に位《くらい》が高《たか》い女性《じょせい》。
★**知《し》らない～はずかしくて**…当時《とうじ》の貴族女性《きぞくじょせい》は人前《ひとまえ》に出《で》ないのがふつうだった。
★**几帳《きちょう》**…布《ぬの》を使《つか》ったついたて。部屋《へや》を仕切《しき》るために立《た》て、持《も》ち運《はこ》びもしやすい。

く動《うご》かせない。

「この絵《え》は、こうなの、ああなのよ、この場面《ばめん》かしら、あの場面《ばめん》かもね」

とお話《はな》しくださるけれど、わたしはまともに見《み》ることができない。明《あか》るい灯火《とうか》に照《て》らされた自分《じぶん》の髪《かみ》がみっともなくないかと胸《むね》が痛《いた》いほどの緊張《きんちょう》をがまんしているばかりだ。

寒《さむ》いころだったので、定子《さだこ》さまのつややかな白《しろ》い指《ゆび》がほんのり薄《うす》紅色《べにいろ》に染《そ》まっていたのが袖口《そでぐち》からちらりとのぞき、そのようすがとても美《うつく》しくて、わたしは、こんなすばらしいおかたがこの世《よ》にいらっしゃるものなのだ……とおどろくばかりだった。

やがて朝《あさ》になり、明《あか》るいから早《はや》く自分《じぶん》の部屋《へや》に帰《かえ》りたくてしかたがない。でも立《た》ち上《あ》がれば、はずかしいところばかりのわたしの姿《すがた》をお見《み》せしてしまうことになるし、うつぶせのまま困《こま》り果《は》てていると、定子《さだこ》さまはおっしゃってくださった。

「早《はや》くお帰《かえ》り。でも、夜《よる》になったら必《かなら》ずまたおいで」

わたしが急《いそ》いで帰《かえ》るまで、定子《さだこ》さまは、そうじ係《がかり》が格子戸《こうしど》★を開《あ》けて朝《あさ》の光《ひかり》を入《い》れ、明《あか》るくするのも止《と》めておいてくださった。

定子《さだこ》さまは本当《ほんとう》にやさしくて思《おも》いやりにあふれた、すばらしいご主人《しゅじん》さまで、わたしは自分《じぶん》の情《なさ》けなさへの失望《しつぼう》と、ここでてきぱきと働《はたら》くほかの人《ひと》たちがうらやましいのと、わたしもこのすばらしいおかたにお仕《つか》えしたい、という強《つよ》い気《き》持《も》ちとで胸《むね》がいっぱいになる。

その後《ご》、雪《ゆき》が降《ふ》っているから昼《ひる》でも薄暗《うすぐら》く、姿《すがた》がよく見《み》えないからいいでしょう？　と、真《ま》っ昼間《ぴるま》から定子《さだこ》さまがわたしをおそばにお呼《よ》びだしになった。

はずかしくてぐずぐずしていたら、先輩《せんぱい》からしかられた。

★格子戸《こうしど》…細《ほそ》い角材《かくざい》を縦《たて》と横《よこ》にこまかく組《く》んで作《つく》った戸《と》。

「見苦《みぐる》しい。なぜ引《ひ》きこもっているの。中宮《ちゅうぐう》さまがあなたをお気《き》に召《め》したからこそのお呼《よ》びだしよ。お気《き》持《も》ちに応《こた》えないとは、見《み》ていていらいらするわ」

なのですごく緊張《きんちょう》してぼーっとしたまま、定子《さだこ》さまの御前《おまえ》★に行《い》く。本当《ほんとう》に自分《じぶん》が情《なさ》けなくて、いつになったら先輩《せんぱい》たちのように働《はたら》けるのだろうと思《おも》うのさえずうずうしい気《き》がした。

すると、「殿《との》さまがいらっしゃいます」という声《こえ》がして、みんながあたりに散《ち》らかっていたものを片《かた》づけはじめる。

（まずい、わたしなんかがいては。部屋《へや》に帰《かえ》らなきゃ）

と思《おも》ったけれど、緊張《きんちょう》しすぎて体《からだ》が動《うご》かない。どうにかこうにか奥《おく》のほうの几帳《きちょう》の後《うし》ろにかくれたけれど、わたしは好奇心《こうきしん》に負《ま》けて布《ぬの》のすき間《ま》からそっとのぞいてみた。

殿《との》さま、というから定子《さだこ》さまの父君《ちちぎみ》藤原道隆《ふじわらのみちたか》さまだとばかり思《おも》っ

★御前《おまえ》…主人《しゅじん》（ここでは定子《さだこ》）の面前《めんぜん》、そば近《ちか》く。

ていたら、いらっしゃったのは兄君《あにぎみ》の伊周《これちか》さまだった。柱《はしら》の横《よこ》にお座《すわ》りになってこうおっしゃる。

「雪《ゆき》がたくさん降《ふ》ったので、どうしているかと心配《しんぱい》になりましてね」

「『道《みち》もなし』だと思《おも》いましたが、どうやっていらしたのです？」

定子《さだこ》さまがそうお答《こた》えになると、伊周《これちか》さまはお笑《わら》いになり、

「『よく来《き》た、えらい』と思《おも》ってくださるかと」

などと古《ふる》い和歌《わか》★を元《もと》にした会話《かいわ》をなさるのが、この世《よ》にほかに存在《そんざい》するのかと思《おも》うほど本当《ほんとう》にすばらしくて、まるで物語《ものがたり》のなかの世界《せかい》のようだ。

夢《ゆめ》みたい……と見《み》とれていたら、伊周《これちか》さまが
「几帳《きちょう》の後《うし》ろにかくれているのはだれか」

とおたずねになった。まさか、わたしのことではないだろう、と思《おも》っていたら、伊周《これちか》さまはわたしのそばに来《き》て、几帳《きちょう》ごしにあれこれとお話《はな》しかけくださる。

（遠《とお》くからそっと拝見《はいけん》★していただけのかたなのに、どうしたらいいの！）

★古《ふる》い和歌《わか》…「山里《やまざと》は　雪降《ゆきふ》り積《つ》みて　道《みち》もなし　今日来《きょうこ(ん)》む人《ひと》を　あはれとは見《み(ん)》む」（平兼盛《たいらのかねもり》）という昔《むかし》の歌《うた》を踏《ふ》まえている。こうした雅《みやび》なかけ合《あ》いで華《はな》やかな文化《ぶんか》をつくることが、定子《さだこ》やその家族《かぞく》の評価《ひょうか》を高《たか》めることにもつながった。
★拝見《はいけん》…見《み》ること、確認《かくにん》すること。目上《めうえ》の人《ひと》に対《たい》して使《つか》う言葉《ことば》。

もう、頭《あたま》が真《ま》っ白《しろ》になって、わたしはつっぷして、袖《そで》に顔《かお》をうずめてふるえていた。こんな姿勢《しせい》では着物《きもの》にお化粧《けしょう》がべったりついてしまって、顔《かお》もおしろい★がまだらにはげているだろう。

定子《さだこ》さまが見《み》かねてくださったごようすで、

「お兄《にい》さま、これをごらんくださいな。どなたが書《か》いたのかしら」

とお声《こえ》をかけて助《たす》けてくださるが、伊周《これちか》さまは

「持《も》ってきてください、ここで見《み》るから」

と動《うご》こうとなさらない。

「お兄《にい》さま、こちらにいらして」

「この人《ひと》がわたしをつかまえて、放《はな》さないのですよ」

とんでもないことをおっしゃる……。

春《はる》になった今《いま》から思《おも》い返《かえ》してみたら、ほんの何《なん》か月《げつ》か前《まえ》のことな

★おしろい…白《しろ》い粉《こな》。顔《かお》や首《くび》などにぬって、肌《はだ》を白《しろ》く見《み》せるために使《つか》われた化粧品《けしょうひん》。

のだけれど、ずいぶん昔《むかし》のようで、わたしはなぜあんなにも緊張《きんちょう》していたのか、あきれてしまうのだった。

慣《な》れてくれば、いっしょに働《はたら》く世話係《せわがかり》の先輩《せんぱい》たちもみんな、わたしと同《おな》じように実家《じっか》をはなれて来《き》た人《ひと》たちだし、定子《さだこ》さまのやさしさや明《あか》るさにすなおにあまえて、ほどよい距離《きょり》をとることもできるようになってきた。

雪《ゆき》が何度《なんど》か降《ふ》り、積《つ》もってはとけ、その冬最後《ふゆさいご》くらいの雪《ゆき》だった。とても高《たか》く降《ふ》り積《つ》もっているので、わたしたち世話係《せわがかり》はいつものように格子戸《こうしど》を開《あ》けず、薄暗《うすぐら》い部屋《へや》で火鉢《ひばち》を囲《かこ》んでしゃべっていた。

すると定子《さだこ》さまがやってきておっしゃった。

「少納言《しょうなごん》、香炉峰《こうろほう》の雪《ゆき》はどうなっているかしら」

香炉峰《こうろほう》は、唐国《とうごく》の有名《ゆうめい》な詩《し》★に出《で》てくる山《やま》だ。御簾《みす》を巻《ま》き上《あ》げて、山《やま》に積《つ》もった雪《ゆき》をながめる、という詩《し》。

★**唐国《とうごく》の有名《ゆうめい》な詩《し》**…唐《とう》は今《いま》から1200年《ねん》以上前《いじょうまえ》に中国《ちゅうごく》にあった王朝《おうちょう》。多《おお》くの文化《ぶんか》や技術《ぎじゅつ》が平安時代《へいあんじだい》の日本《にっぽん》にも伝《つた》わり、大《おお》きな影響《えいきょう》を与《あた》えた。その時代《じだい》に白居易《はくきょい》という人《ひと》が詠《よ》んだ「遺愛寺《いあいじ》の鐘《かね》は枕《まくら》をそばだてて聴《き》き、香炉峰《こうろほう》の雪《ゆき》は簾《すだれ》をかかげて看《み》る」という漢詩《かんし》（中国《ちゅうごく》の昔《むかし》の詩《し》）を元《もと》にしている。

わたしはすぐ、そう気《き》がついて、みんなに手《て》伝《つだ》ってもらって格子戸《こうしど》を開《あ》け、その手前《てまえ》にかけてある御簾《みす》を高《たか》く巻《ま》き上《あ》げた。
定子《さだこ》さまは満足《まんぞく》されたようにお笑《わら》いになった。先輩《せんぱい》がたも、
「その詩《し》は知《し》っていたけれど、実際《じっさい》にやってみようとすぐ思《おも》いつかなかった。定子《さだこ》さまにお仕《つか》

えする者《もの》として、それができなくてはだめですね」

と言《い》うので、わたしはほっとしたのだった。

そして、漢詩《かんし》を知《し》っているだけでなく、真似《まね》してやってみたくなるという「おもしろがり」のわたしの個性《こせい》を、定子《さだこ》さまが生《い》かしてくださったことに感激《かんげき》する。

定子《さだこ》さまは本当《ほんとう》にすばらしいおかた。このおかたにめぐりあい、おそばにお仕《つか》えすることができて、わたしは本当《ほんとう》に幸《しあわ》せだ。

ここでなら、わたしはわたしらしく行動《こうどう》できる。思《おも》ったとおりのことを言葉《ことば》にすることができる。

定子《さだこ》さまが受《う》け入《い》れてくださるのだから。

仕事《しごと》に慣《な》れたころ、冬《ふゆ》から春《はる》に季節《きせつ》が変《か》わってゆく。

道隆《みちたか》さまが二月二十一日《にがつにじゅういちにち》にお寺《てら》ですべてのお経《きょう》を新《あら》たに写《うつ》して納《おさ》

める供養《くよう》をなさるというので、定子《さだこ》さまもその会《かい》に参列《さんれつ》されることになった。

二月一日《にがつついたち》にご実家《じっか》におもどりになり、わたしもおともした。

翌朝早《よくあさはや》く、よく晴《は》れて陽《ひ》がまぶしく射《さ》しこんできたので、目《め》が覚《さ》めたわたしは部屋《へや》のすぐ外《そと》に出《で》て、このお屋敷《やしき》のあちこちをながめていた。

縁《えん》からお庭《にわ》に降《お》りる階段《かいだん》のわきに、人《ひと》の背丈《せたけ》の二倍《にばい》ほどの高《たか》さの桜《さくら》の木《き》があり、花《はな》が満開《まんかい》にさいている。

（ずいぶん早《はや》くさいた桜《さくら》ね。まだ梅《うめ》が花盛《はなざか》りだというのに）

と思《おも》い、そばに行《い》ってよく見《み》ると、造花《ぞうか》だった。紙《かみ》を切《き》って造《つく》った花《はな》を枝《えだ》にはってあるのだけれど、こまかくていねいにできていて本物《ほんもの》とまちがえるくらい、みごとだ。

（造《つく》るのにどれだけ手間《てま》がかかったのかしら）

でも、雨《あめ》が降《ふ》ってぬれたらぐったりとしぼんでしまうはず、と気《き》づくと、もやもやした気持《きも》ちになった。

案《あん》の定《じょう》、造花《ぞうか》の桜《さくら》は毎日《まいにち》朝露《あさつゆ》にぬれるたびにぐったりしてゆく。本物《ほんもの》なら、朝露《あさつゆ》を浴《あ》びたらいっそうかがやくのに。

とうとう夜《よる》のあいだに雨《あめ》が降《ふ》った直後《ちょくご》の早朝《そうちょう》、造花《ぞうか》はひどい状態《じょうたい》になった。早起《はやお》きしたわたしが縁《えん》からそれを見《み》て

「失恋《しつれん》して大泣《おおな》きした顔《かお》みたいで、がっかり」

とつぶやいたら、いつのまにか定子《さだこ》さまもお目《め》を覚《さ》まされたようで、

「夜中《よなか》に雨《あめ》の音《おと》がしていたわ。桜《さくら》はどうなっているの？」

とおたずねになるお声《こえ》がした。

そこへ、お屋敷《やしき》で働《はたら》く使用人《しようにん》の男《おとこ》たちが集《あつ》まってきた。

「暗《くら》いうちに片《かた》づけろとの、殿《との》さまのご命令《めいれい》だったのに」

「明《あか》るくなってきた」

「まずいぞ、早《はや》く早《はや》く」

と桜《さくら》の木《き》をたおして、引《ひ》っこぬく。

「花《はな》をぬすむのはだれ!?　だめでしょう？」

と、お屋敷《やしき》の中《なか》からわたしが言《い》ったので、使用人《しようにん》たちは木《き》を引《ひ》きずってにげていった。

そこへそうじ係《がかり》がきて、格子戸《こうしど》を開《あ》け、そうじをしていったので、おしたくをすませた定子《さだこ》さまもおいでになって外《そと》をごらんになる。

「あらまあ。あの桜《さくら》の花《はな》はどこへ行《い》ったの？　『花《はな》どろぼう！』というような声《こえ》がしたけれど、枝《えだ》を一本《いっぽん》折《お》って持《も》っていったのかと思《おも》っていたのに。だれがぬすんだの？　あなた、見《み》た？」

と定子《さだこ》さまがおたずねになるので、わたしはお答《こた》えした。

「しっかりと見《み》たわけではございませんので……白《しろ》っぽい衣《ころも》の者《もの》がいたので、枝《えだ》を折《お》るのかと思《おも》い、声《こえ》をかけました」

「そう。それにしても、全部《ぜんぶ》持《も》っていかなくても。どうしてかしら。きっとお父《とう》さまのご命令《めいれい》ね」

造花《ぞうか》がみっともなくなったので、片《かた》づけさせたのは定子《さだこ》さまもわたしもわかっているけれど、それでは残念《ざんねん》でしかないので、わたしはふと思《おも》いついた言葉《ことば》を申《もう》しあげた。

「ご命令《めいれい》ではございませんでしょう。きっと春《はる》の風《かぜ》が桜《さくら》を気《き》に入《い》って、運《はこ》び去《さ》ったのでございますよ」

定子《さだこ》さまはほほえまれた。

「それを言《い》いたくて、あなたは『どろぼうではない』と、とぼけたのね。すてきよ」

慣《な》れてきて、このようなやりとりがめずらしくなくなってきたものの、そのたびに定子《さだこ》さまはすばらしいかた、とわたしは感激《かんげき》するのだった。

やがて、道隆《みちたか》さまがおいでになり

「桜《さくら》の木《き》がなくなってしまったね」

と、知《し》らないふりをしていらっしゃるので、定子《さだこ》さまがにっこりしておっしゃった。

「ええ、少納言《しょうなごん》が、『春《はる》の風《かぜ》がさらっていった』と」

道隆《みちたか》さまはみんなの笑顔《えがお》に、すべてばれているとお気《き》づきになられてこうおっしゃった。

「『春《はる》の風《かぜ》のせい』とは、上手《うま》いことを言《い》うものだ」

それにしても見《み》つかったのがくやしい。中宮《ちゅうぐう》さまのところにはこんな番人《ばんにん》がいるからな、と残念《ざんねん》そうなごようすの道隆《みちたか》さまだった。

春《はる》も盛《さか》りになり、本物《ほんもの》の桜《さくら》がさいた。

三月《さんがつ》、宮中《きゅうちゅう》にある清涼殿《せいりょうでん》★とい

★清涼殿《せいりょうでん》…天皇《てんのう》が日常生活《にちじょうせいかつ》を過《す》ごす建物《たてもの》（→6ページ参照《さんしょう》）。

う建物《たてもの》のすみに大《おお》きな花《か》びんを置《お》いて、満開《まんかい》の桜《さくら》の枝《えだ》をかざる。縁《えん》の手《て》すりの外《そと》まで枝《えだ》がはみだして花《はな》がさきこぼれる、そんな日《ひ》のお昼《ひる》ごろに伊周《これちか》さまがいらっしゃった。

定子《さだこ》さまと一条《いちじょう》の帝《みかど》さまもお出《で》ましになられて、楽《たの》しくおしゃべりなさる。

帝《みかど》さまは定子《さだこ》さまよりも年下《としした》だけれど、とても聡明《そうめい》でいらして、本《ほん》を読《よ》んで勉強《べんきょう》するのが大好《だいす》きであられた。同《おな》じく本《ほん》が好《す》きな定子《さだこ》さまとは仲《なか》むつまじくお過《す》ごしになられ、いつもお話《はなし》がもりあがるごようすなのだった。

この日《ひ》はおそばにひかえるわたしたち世話係《せわがかり》に、定子《さだこ》さまが「硯《すずり》に墨《すみ》をすってきて」とお命《めい》じになった。

わたしは墨《すみ》をするのだけれど、帝《みかど》さまがたのお姿《すがた》がすばらしくて気《き》になってしまい、よそ見《み》ばかりで硯《すずり》から墨《すみ》が外《はず》れそうだ。

墨汁《ぼくじゅう》ができあがると、定子《さだこ》さまは白《しろ》い紙《かみ》をさしだされて、

「この紙《かみ》に、いま思《おも》いついた古《ふる》い和歌《わか》をひとつずつお書《か》きなさい」

とわたしたちにおっしゃった。

香炉峰《こうろほう》の雪《ゆき》もそうだったけれど、定子《さだこ》さまの目的《もくてき》は、こういった「教養《きょうよう》」のお遊《あそ》びを作《つく》りだすことなのだ。そして一条《いちじょう》の帝《みかど》さまもこのようなお遊《あそ》びを好《この》まれた。

（帝《みかど》さまもお喜《よろこ》びになるような歌《うた》……）

わたしはこまって、そばにおいでだった伊周《これちか》さまに
「どういたしましょうか」

とおたずねしたけれど、伊周《これちか》さまはつれない。

「あなたたち世《せ》話《わ》係《がかり》の仕事《しごと》なのだから、早《はや》く書《か》いてさしあげなさい。男《おとこ》のわたくしが口《くち》を出《だ》すものではない」

「早《はや》く早《はや》く。迷《まよ》わないで、思《おも》いついたものをなんでもいいから」

と定子《さだこ》さまが急《せ》かすので、顔《かお》が赤《あか》くなるほどあせってしまう。先輩《せんぱい》がたが二《に》、三《さん》の和歌《わか》を書《か》いて、わたしに紙《かみ》を回《まわ》してきたので、とっさに思《おも》いついた古《ふる》い歌《うた》を書《か》いた。

『年《とし》ふれば　齢《よわい》は老《お》いぬ　しかはあれど　花《はな》をし見《み》れば　物思《ものおも》ひもなし★』

この『花《はな》』を『君《きみ》』に変《か》える。

年月《としつき》が過《す》ぎて年寄《としよ》りになっても、桜《さくら》の花《はな》を見《み》れば老《お》いる不安《ふあん》もわすれる……という意味《いみ》の歌《うた》だけれど、君《きみ》、つまりわが主《あるじ》である帝《みかど》さまと定子《さだこ》さまを尊敬《そんけい》し、心強《こころづよ》く思《おも》ってお仕《つか》えしております、となる。

「あなたたちのこういう気持《きも》ちが知《し》りたかっただけなのよ」

と定子《さだこ》さまはにっこりなされ、わたしは本当《ほんとう》にうれしかった。

★**年《とし》ふれば**…913年《ねん》ごろに成立《せいりつ》した「古今和歌集《こきんわかしゅう》」にある和歌《わか》。作者《さくしゃ》は藤原良房《ふじわらのよしふさ》で、804年《ねん》に生《う》まれた。天皇《てんのう》と親《しん》せき関係《かんけい》となり、藤原氏《ふじわらし》が栄《さか》える土台《どだい》をつくった人物《じんぶつ》である。清少納言《せいしょうなごん》は花《か》びんの満開《まんかい》の桜《さくら》が良房《よしふさ》の歌《うた》と同《おな》じようすだと気《き》づき、良房《よしふさ》の歌《うた》を引用《いんよう》して帝《みかど》や中宮《ちゅうぐう》をたたえる歌《うた》に変《か》えた。

それからしばらく過《す》ぎたころ、伊周《これちか》さまが帝《みかど》さまと定子《さだこ》さまに上《じょう》質《しつ》な紙《かみ》★をたくさん贈《おく》られた。

定子《さだこ》さまは世話係《せわがかり》たちの前《まえ》で、こうおたずねになった。

「この紙《かみ》に何《なに》を書《か》こうかしら。帝《みかど》さまは『史記《しき》★』という唐国《とうごく》の歴《れき》史書《ししょ》を書《か》き写《うつ》されているわ」

わたしはこう答《こた》えた。

「では、『枕《まくら》』にされてはいかがでしょう」

『しき』ものならば、その上《うえ》に『枕《まくら》』を置《お》いて横《よこ》になる、なので歌《うた》枕《まくら》★――和歌《わか》の題材《だいざい》になりそうなことの覚《おぼ》え書《が》きに使《つか》うのはいかが、と説明《せつめい》する。

「『しき』ものならば『枕《まくら》』……おもしろいことを言《い》うのね。では、この紙《かみ》を少納言《しょうなごん》にあげましょう。あなたの好《す》きなことをなんでも書《か》きなさい」

★**上質《じょうしつ》な紙《かみ》**…当時《とうじ》は紙《かみ》はとても貴重《きちょう》で高価《こうか》だった。
★**史記《しき》**…中国《ちゅうごく》の昔《むかし》の歴史書《れきししょ》。紀元前《きげんぜん》１世紀《せいき》に司馬遷《しばせん》という学者《がくしゃ》によってつくられた。
★**歌枕《うたまくら》**…和歌《わか》に多《おお》く詠《よ》まれる名所《めいしょ》・旧跡《きゅうせき》。和歌《わか》によく使《つか》われる言葉《ことば》や詠《よ》まれる題材《だいざい》。

というわけで、わたしは好《す》きなことを書《か》いて、定子《さだこ》さまにお見《み》せする。定子《さだこ》さまがお喜《よろこ》びになりそうな……美《うつく》しいものや、楽《たの》しいこと、きれいなもの。

まずは何《なに》を書《か》こうかあれこれ考《かんが》えているうちに、夜《よ》が明《あ》けそうになって……今《いま》、春《はる》の夜明《よあ》けの空《そら》の美《うつく》しさを、一枚《いちまい》の紙《かみ》にしたためている。

「これから、たくさんのことを書《か》いていこう」

楽《たの》しく書《か》いたものを定子《さだこ》さまにも楽《たの》しんでいただけたら、最高《さいこう》に幸《しあわ》せだ。

二《に》　宮中《きゅうちゅう》の華《はな》やかな日々《ひび》

初夏《しょか》になった。

またまた伊周《これちか》さまが定子《さだこ》さまのもとへいらっしゃって、一条《いちじょう》の帝《みかど》さまと三人《さんにん》で、漢詩《かんし》のお話《はなし》をされる。

お話《はなし》がはずみ、いつものことだけれど、夜《よ》がふけてしまう。おそばにひかえていた世話係《せわがかり》たちは、ねむさにたえきれずにひとり、ふたりと自分《じぶん》の部屋《へや》に帰《かえ》ってしまったり、屏風《びょうぶ》★の後《うし》ろにかくれて寝《ね》てしまったりしたので、いつのまにか起《お》きているのはわたしだけになった。

ねむいのをがまんしていると、宿直当番《しゅくちょくとうばん》の役人《やくにん》が時刻《じこく》を告《つ》げる声《こえ》が聞《き》こえ、真夜中《まよなか》をだいぶ過《す》ぎて未明《みめい》になったことがわかった。

「もうじき夜《よ》が明《あ》けそう」

★屏風《びょうぶ》…折《お》りたたみ式《しき》の家具《かぐ》。部屋《へや》の仕切《しき》りで使《つか》う。絵《え》やきれいな柄《がら》が入《はい》っている。

おもわずひとりごとをつぶやいたら、伊周《これちか》さまに聞《き》かれてしまい、

「今《いま》さら寝《ね》るのか？」

と、とがめられた。

（しまった、よけいなことを言《い》った）

わたしはあせったけれど、この場《ば》に世《せ》話《わ》係《がかり》はほかにだれもいないから、自分《じぶん》の部屋《へや》ににげることができない。だれかひとりは、必《かなら》ずひかえていなければ。それが仕事《しごと》なのだ。

まだ少年《しょうねん》の帝《みかど》さまは、さすがにねむいのがこらえきれなくなられたと見《み》え、柱《はしら》によりかかってうとうとなさっておられる。

伊周《これちか》さまが
「中宮《ちゅうぐう》さま、ごらんください。もうすぐ夜《よ》が明《あ》けるのに、寝《ね》てしまわれた。よろしいのですか」

とおっしゃると、

「本当《ほんとう》ね」

と、定子《さだこ》さまはにっこりされる。まだとてもお若《わか》いので、しかたのないこと、とお笑《わら》いなのだ。

そんな静《しず》かな未明《みめい》に、とつぜん鶏《にわとり》の鳴《な》く声《こえ》がけたたましくひびきわたった。

帝《みかど》さまはもちろん、世話係《せわがかり》たちもみんなびっくりして飛《と》び起《お》きるけれど、まだ外《そと》は暗《くら》い。

室内《しつない》に鶏《にわとり》が飛《と》びこんできたので、帝《みかど》さまがおどろかれておたずねになった。

「どうしてあのようなところに鶏《にわとり》がいるのだ」

調《しら》べると、身分《みぶん》の低《ひく》い雑用係《ざつようがかり》の女《おんな》の子《こ》が、どこかからにげてきた鶏《にわとり》をつかまえたので、夜《よ》が明《あ》けたら実家《じっか》に持《も》って帰《かえ》ろうと縁《えん》の下《した》★にかくしておいたのだそうだ。

★縁《えん》の下《した》…縁側《えんがわ》（建物《たてもの》の一番外側《いちばんそとがわ》の床《ゆか》）の下《した》に作《つく》られた空間《くうかん》。

それを宮中《きゅうちゅう》で飼《か》っている番犬《ばんけん》が見《み》つけてほえたので、おどろいた鶏《にわとり》が建物《たてもの》の中《なか》ににげこみ、鳴《な》いてさわいだ、ということだった。伊周《これちか》さまがすかさず『声《こえ》、明王《めいおう》のねむりをおどろかす★』と漢詩《かんし》の一節《いっせつ》を声《こえ》に出《だ》したのがすばらしくて、明王《めいおう》さまどころか、たいした身分《みぶん》でもないわたしでさえ、目《め》がぱっちりと覚《さ》めたのだった。

「その漢詩《かんし》、今《いま》の状況《じょうきょう》にぴったりである」

と帝《みかど》さまも感心《かんしん》し、定子《さだこ》さまもにこにこされている。女《おんな》の子《こ》の失敗《しっぱい》をおこるどころか教養《きょうよう》に基《もと》づいた楽《たの》しみにする、帝《みかど》さまがたのこういうやりとりが、本当《ほんとう》にすばらしいとわたしには感《かん》じられるのだった。


このように楽《たの》しい毎日《まいにち》が続《つづ》き、一年《いちねん》が過《す》ぎた。

翌年《よくとし》の正月《しょうがつ》には、定子《さだこ》さまのすぐ下《した》の妹君《いもうとぎみ》が東宮《とうぐう》★さまに入内《じゅだい》★さ

★**声《こえ》、明王《めいおう》の**…都良香《みやこのよしか》の漢詩《かんし》の一節《いっせつ》。詩《し》は、賢帝《けんてい》の徳《とく》が広《ひろ》く庶民《しょみん》に及《およ》び国《くに》が栄《さか》えることを意味《いみ》する。伊周《これちか》は状況《じょうきょう》に合《あ》った漢詩《かんし》を引用《いんよう》しながら一条《いちじょう》の帝《みかど》をほめたたえた。
★**東宮《とうぐう》**…東宮《とうぐう》は皇太子《こうたいし》の住《す》む場所《ばしょ》（皇居《こうきょ》の東《ひがし》にある）。そこから皇太子《こうたいし》のことも指《さ》す。
★**入内《じゅだい》**…天皇《てんのう》のきさきとなるために、内裏《だいり》（皇居《こうきょ》）に入《はい》ること。

れた。父君《ちちぎみ》の藤原道隆《ふじわらのみちたか》さま、母君《ははぎみ》の高階貴子《たかしなのたかこ》さま、兄君《あにぎみ》の伊周《これちか》さま、弟君《おとうとぎみ》の隆家《たかいえ》さま、伊周《これちか》さまのお子《こ》さまの松君《まつぎみ》さまなど、ご家族《かぞく》みんなが集《あつ》まってお祝《いわ》いしているごようすは、本当《ほんとう》に美《うつく》しく、仲《なか》むつ

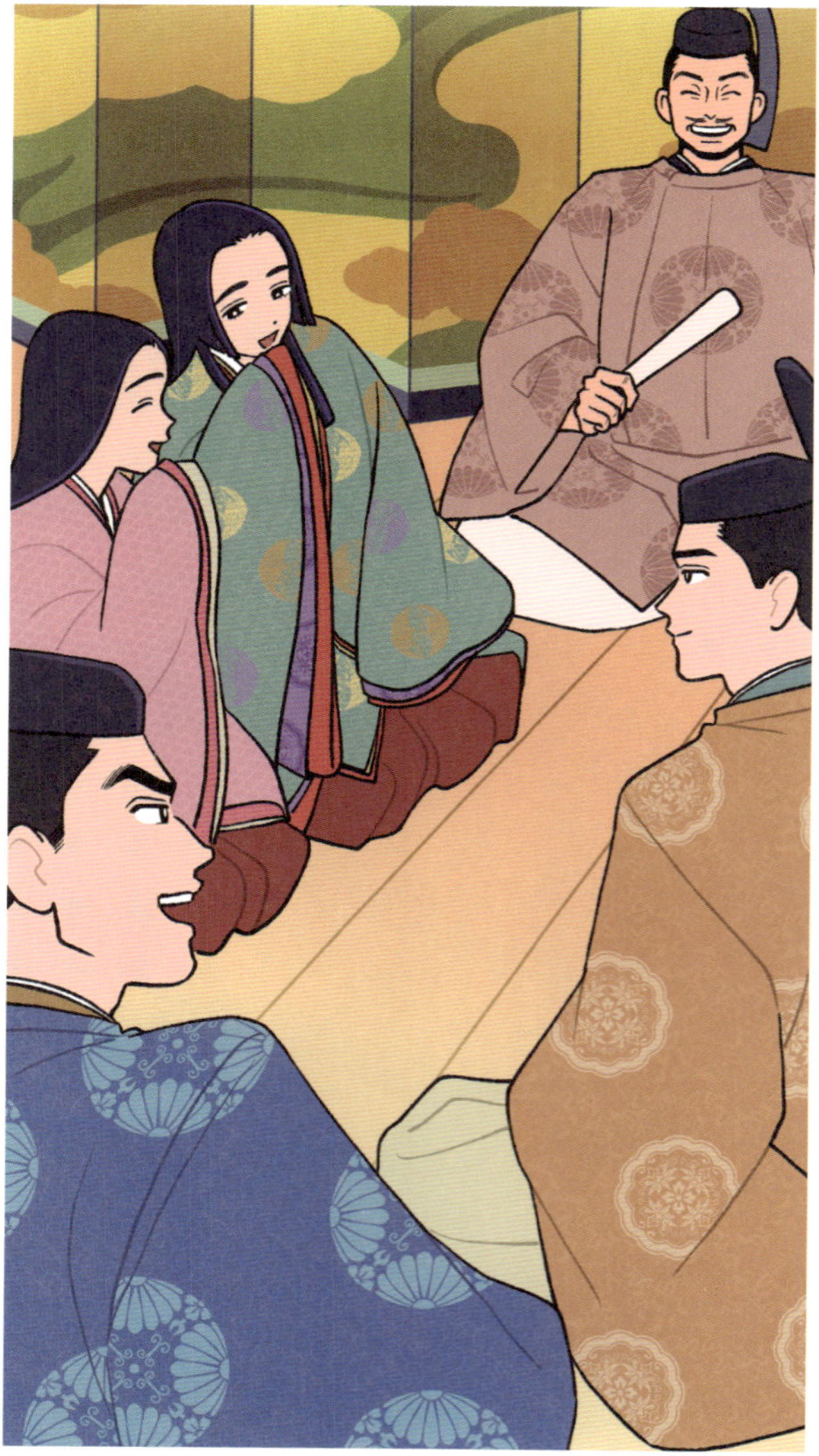

まじく、すばらしいものだった。
ご用意《ようい》されたお道具《どうぐ》やお召《め》しものもすばらしくてわが目《め》を喜《よろこ》ばせたし、道隆《みちたか》さまはご冗談《じょうだん》ばかりおっしゃられ、それがおもしろくて、笑《わら》いすぎて渡《わた》り廊下《ろうか》★から庭《にわ》に転《ころ》げ落《お》ちてしまいそうだった。

定子《さだこ》さまからいただいた紙《かみ》に、わたしは時間《じかん》を見《み》つけてはあれこれと書《か》きつけていた。好《す》きなものだけでなく、毎日《まいにち》を過《す》ごしていておもしろいと思《おも》ったことは、なんでも。

いいな、と思《おも》う題《だい》を考《かんが》えついたときにこんなふうに書《か》きとめる。とくに牛車《ぎっしゃ》★に乗《の》って出《で》かけているときとか、窓《まど》から外《そと》をのぞいていて、ふと考《かんが》えたりする。

『大《おお》きいほうがいいもの。家《いえ》。お出《で》かけのときに食《た》べ物《もの》を入《い》れる袋《ふくろ》。果物《くだもの》。牛《うし》』

★渡《わた》り廊下《ろうか》…建物《たてもの》と建物《たてもの》をつなぐ廊下《ろうか》。
★牛車《ぎっしゃ》…牛《うし》に引《ひ》かせた車《くるま》。平安時代《へいあんじだい》では貴族《きぞく》の乗《の》り物《もの》。

お出《で》かけのときはたくさんお弁当《べんとう》を持《も》っていくと安心《あんしん》だし、幸せ《しあわせ》な気分《きぶん》。牛車《ぎっしゃ》がのろのろしているのはいやだから、力《ちから》が強《つよ》くて大《おお》きな牛《うし》が引《ひ》っぱるのがいい。それから、なんだろう。

これからしばらく、大《おお》きいのがいいものは、と考《かんが》えて、ひまなときを過《す》ごせるのが楽《たの》しみ。

『硯《すずり》の墨《すみ》』たくさん書《か》いても、すぐにすり減《へ》らなくてたのもしい。

『男《おとこ》の人《ひと》の目《め》の形《かたち》』切《き》れ長《なが》でぱっちりしているとかっこいい。でも大《おお》きすぎて、金属製《きんぞくせい》のお椀《わん》みたいにまん丸《まる》でぎらぎらしたぎょろ目《め》はちょっと。

『火桶《ひおけ》★』冬《ふゆ》、部屋《へや》の火桶《ひおけ》が小《ちい》さいと、火《ひ》も小《ちい》さくて寒《さむ》い。

『山吹《やまぶき》の花《はな》と桜《さくら》の花《はな》びら』大《おお》きいほうがきれいな花《はな》だから。

花《はな》、といえば、好《す》きな花《はな》はたくさんある……と、次《つぎ》の題《だい》もつながって考《かんが》えつくのもおもしろい。

★**火桶**《ひおけ》…暖《だん》をとるために使《つか》われる、炭火《すみび》を入《い》れる桶《おけ》。

『なでしこ。唐国《とうごく》から来《き》た園芸用《えんげいよう》のももちろんだけれど、わが国《くに》の野《の》にもとからさいているものも、とてもすばらしい』

それから『おみなえし。ききょう。朝顔《あさがお》。刈茅《かるかや》★。菊《きく》。すみれ。りんどうは、秋《あき》の終《お》わりにほかの花《はな》がみんな霜《しも》でかれてしまっても、あざやかな青紫色《あおむらさきいろ》でさいているのがとてもいい。

萩《はぎ》の色《いろ》の濃《こ》い花《はな》がしなやかな枝《えだ》にさいているのが、朝露《あさつゆ》にぬれてなよなよと下《した》むきに広《ひろ》がるのがすてき。八重山吹《やえやまぶき》もいい』

まだまだある。

好《す》きなもの、おもしろいことを書《か》くのが楽《たの》しくて楽《たの》しくて、このころのわたしはうかれていた。

書《か》いたものを定子《さだこ》さまにお見《み》せして、笑《わら》ってくださったときのうれしさと言《い》ったら！

★刈茅《かるかや》…イネ科《か》の植物《しょくぶつ》。刈茅《かるかや》といった時《とき》、主《おも》にメカルガヤをさす。メカルガヤは茅葺《かやぶき》屋根《やね》の材料《ざいりょう》のひとつ。『万葉集《まんようしゅう》』や『古今和歌集《こきんわかしゅう》』でも和歌《わか》に詠《よ》まれる草《くさ》。刈《か》り取《と》ったカヤという意味《いみ》もあるようで、その束《たば》が乱《みだ》れる連想《れんそう》でよく詠《よ》まれている。

草《くさ》の花《はな》は
なでしこ、
唐《から》のはさらなり、
大和《やまと》のもいとめでたし。
を《（お）》みなへし。桔梗《（ききょう）》。
あさがほ《（お）》。かるかや。
菊《きく》。壺《つぼ》すみれ。

（花《はな》、といえば、なでしこ。
唐国《とうごく》から来《き》た
園芸用《えんげいよう》のももちろんだけれど、
わが国《くに》の野《の》にもとから
咲《さ》いているものも、
とてもすばらしい。
おみなえし。ききょう。
朝顔《あさがお》。刈茅《かるかや》。菊《きく》。すみれ。）

りんどうは、
…（中略《ちゅうりゃく》）…
こと花《はな》どものみな
霜枯《しもが》れたるに、
いとはなやかなる色《いろ》あひ《（い）》にて
さし出《（い）》でたる、いとをかし。

（りんどうは、
秋《あき》の終《お》わりに
ほかの花《はな》がみんな
霜《しも》で枯《か》れてしまっても、
あざやかな青紫色《あおむらさきいろ》で
咲《さ》いているのがとてもいい。）

萩《はぎ》、いと色《いろ》ふかう《（こ）》、
枝《えだ》たをやか《（お）》に咲《さ》きたるが、
朝露《あさつゆ》にぬれてなよなよと
ひろごりふしたる、
…（中略《ちゅうりゃく》）…
八重山吹《やえやまぶき》。

（萩《はぎ》の色《いろ》の濃《こ》い花《はな》が
しなやかな枝《えだ》に咲《さ》いているのが、
朝露《あさつゆ》にぬれてなよなよと
下《した》むきに広《ひろ》がるのがすてき。
八重山吹《やえやまぶき》もいい。）

すてきな男《おとこ》の人《ひと》のこととか、恋愛《れんあい》の話《はなし》とか、仕事仲間《しごとなかま》の若《わか》い女《おんな》の人《ひと》たちが、夜《よる》、明《あ》かりも暗《くら》くしたなか、さわさわとおしゃべりやうわさ話《ばなし》をしているときも、聞《き》いているのがとても楽《たの》しかった。たまにはわたしもそのなかに加《くわ》わることもあった。

そんなうわさ話《ばなし》で思《おも》ったことも書《か》き留《と》める。

『若《わか》い女《おんな》の人《ひと》や子《こ》ども、立派《りっぱ》な地位《ちい》にある中年《ちゅうねん》の男《おとこ》の人《ひと》はもちもちとかふっくらしているのがいいけれど、従者《じゅうしゃ》★や警護《けいご》の若《わか》い男《おとこ》の人《ひと》は、ちょっと細《ほそ》めですらっとしたほうがかっこいい』

『お経《きょう》の勉強《べんきょう》をするとき、講師《こうし》をしてくれるお坊《ぼう》さんは、顔《かお》がいい人《ひと》に限《かぎ》る。整《ととの》ったお顔《かお》を見《み》つめていれば、難《むずか》しい内容《ないよう》でもありがたく感《かん》じられる。好《この》みではない顔《かお》だと、ついよそ見《み》をしてしまうので話《はなし》がわからなくなってよくないから』

そんな「かっこいい男《おとこ》の人《ひと》」のうわさ話《ばなし》と、恋愛《れんあい》の話《はなし》が本当《ほんとう》に多《おお》

★**従者《じゅうしゃ》**…宮中《きゅうちゅう》や貴族《きぞく》の家《いえ》で、位《くらい》が上《うえ》の人《ひと》に仕《つか》える人《ひと》のこと。

かった。

『今《いま》つきあっている彼氏《かれし》が、前《まえ》の恋人《こいびと》の話《はなし》をして彼女《かのじょ》をほめるのは、ずいぶん前《まえ》に終《お》わったことだとわかっていても、とてもいらいらする。まして、今《いま》の話《はなし》としてほかの女《おんな》を話題《わだい》にするなんて、めちゃくちゃむっとする』

『男《おとこ》の人《ひと》ほど、女《おんな》にとって全然《ぜんぜん》わからないものはない。とてもきれいで性格《せいかく》のよい彼女《かのじょ》を捨《す》てて、あれのどこがいいのかというかんじの人《ひと》を新《あたら》しい恋人《こいびと》にする。まったく理解《りかい》できない』

それから、おしゃれの話《はなし》に、仕事仲間《しごとなかま》のだれかさんの悪口《わるぐち》。

『胸《むね》がどきどきわくわくするもの。髪《かみ》を洗《あら》い、お化粧《けしょう》をし、よい香《かお》りをつけた衣《ころも》を着《き》て、最高《さいこう》に気《き》に入《い》ったおしゃれをしたとき。だれも見《み》ていなくたって、自分《じぶん》の心《こころ》はとてもわくわくしている』

こころときめきするもの

……（中略《ちゅうりゃく》）……

かしらあらひ《い》化粧《けしょう》じて、

か《こ》うばしうしみたるきぬなどきたる。

ことに見《み》る人《ひと》なき所《ところ》にても、

心《こころ》のうちはなほ《お》いとを《お》かし。

（胸《むね》がどきどきわくわくするもの。

髪《かみ》を洗《あら》い、お化粧《けしょう》をし、

よい香《かお》りをつけた衣《ころも》を着《き》て、

最高《さいこう》に気《き》に入《い》ったおしゃれをしたとき。

だれも見《み》ていなくたって、

自分《じぶん》の心《こころ》はとてもわくわくしている。）

『めったにないもの。見《み》た目《め》も性格《せいかく》も両方《りょうほう》すぐれていて、人《ひと》づきあいを続《つづ》けても欠点《けってん》の出《で》てこない人《ひと》。燃《も》えあがる恋愛《れんあい》が永遠《えいえん》に続《つづ》くことがないのはもちろん、女同士《おんなどうし》の友情《ゆうじょう》だって、『わたしたちずっとずっと親友《しんゆう》でいましょうね』とちかった二人《ふたり》が、本当《ほんとう》にずっと仲良《なかよ》しでいるところなんてめったに見《み》たことがない』

人《ひと》のうわさ話《ばなし》や悪口《わるぐち》をおしゃべりするのは楽《たの》しい。やめなさい、とえらそうに言《い》う人《ひと》は理解《りかい》できない。

でも、調子《ちょうし》に乗《の》っていると自分《じぶん》が悪口《わるぐち》を言《い》われたり、根《ね》も葉《は》もないうわさを立《た》てられたりしてしまうのだ。

あるとき、だれかの部屋《へや》に夜《よる》、このような身分《みぶん》の高《たか》い人《ひと》が住《す》むところには来《こ》られないような身分《みぶん》の低《ひく》い男《おとこ》の人《ひと》が入《はい》りこんで、朝早《あさはや》く傘《かさ》で顔《かお》をかくして出《で》ていった、といううわさ話《ばなし》が流《なが》れた。

そんな人《ひと》とつきあうなんて趣味《しゅみ》が悪《わる》い、いったいだれだろう、と思《おも》っていたら、なぜか、清少納言《せいしょうなごん》つまりわたしのことだとささやかれているのが聞《き》こえてきた。

（ひどい、わたしはそんな変《へん》なことはしない）

と思《おも》っていると、定子《さだこ》さまからわたしにお手紙《てがみ》が届《とど》いた。

何《なに》かしら、と思《おも》って開《ひら》いてみたら、大《おお》きな傘《かさ》とその柄《え》をにぎった手《て》の絵《え》が描《えが》かれ、

『山《やま》の端《は》明《あ》けし　朝《あした》より』

と、和歌《わか》の一部《いちぶ》がそえ書《が》きされている。

大《おお》きな傘《かさ》の絵《え》は、うわさ話《ばなし》のことだ。この和歌《わか》の続《つづ》きになるような言葉《ことば》で、うわさ話《ばなし》について説明《せつめい》しなさい、という意味《いみ》だろう。

（さすがは定子《さだこ》さま。直接問《ちょくせつと》い質《ただ》すのではなく、優雅《ゆうが》な遊《あそ》びにして

くださる）
と思《おも》うと同時《どうじ》に、
（定子《さだこ》さまに根拠《こんきょ》のないうわさ話《ばなし》でご心配《しんぱい》をおかけしてしまった。もちろん濡《ぬ》れ衣《ぎぬ》とおわかりだとは思《おも》うけれど）
と申《もう》し訳《わけ》なく、手紙《てがみ》とは別《べつ》の紙《かみ》にどしゃぶりの雨《あめ》の絵《え》を描《えが》いて、その下《した》に
『ならぬ名《な》の　立《た》ちにけるかな
……さてや、濡《ぬ》れ衣《ぎぬ》にはなりはべらむ《（ん）》』
（根拠《こんきょ》のないうわさ話《ばなし》が広《ひろ》まってしまい、まるでとつぜんどしゃ降《ぶ》りの雨《あめ》にあったみたいです。雨《あめ》で着物《きもの》が濡《ぬ》れて気分《きぶん》が悪《わる》い、これを『濡《ぬ》れ衣《ぎぬ》』というのですね）
とすばやくお返事《へんじ》をさしあげた★。定子《さだこ》さまは大笑《おおわら》いされたそうだ。

★お返事《へんじ》をさしあげた…定子《さだこ》の手紙《てがみ》『（三笠山《みかさやま》）　山《やま》の端《は》明《あ》けし　朝《あした》より』と、清少納言《せいしょうなごん》の返事《へんじ》『（雨《あめ》）　ならぬ名《な》の　立《た》ちにけるかな』で歌《うた》が完成《かんせい》する。定子《さだこ》は「あやしくもわが濡《ぬ》れ衣《ぎぬ》を　着《き》たるかな　三笠《みかさ》の山《やま》を　人《ひと》に借《か》られて」という歌《うた》を連想《れんそう》させるようにメッセージを送《おく》り、清少納言《せいしょうなごん》もそれに応《こた》えた。息《いき》の合《あ》った二人《ふたり》のようすがわかる。

こんなふうに、わたしもときどき悪口《わるぐち》やうわさ話《ばなし》の標的《ひょうてき》にされた。

けれど、そのたびにわたしは、おこって真正面《ましょうめん》から否定《ひてい》してたたかうのではなく、おもしろい歌《うた》や言葉《ことば》で返事《へんじ》をして周囲《しゅうい》を笑《わら》わせ、宮中《きゅうちゅう》での居場所《いばしょ》を保《たも》っていた。

そんなわたしを、定子《さだこ》さまはにこにこと見守《みまも》ってくださっていた。

そんな楽《たの》しかった日常《にちじょう》が、次第《しだい》にくずれはじめる。

まずはじめは、定子《さだこ》さまの父君道隆《ちちぎみみちたか》さまが、お亡《な》くなりになったことだった。

それでも定子《さだこ》さまには兄君伊周《あにぎみこれちか》さまがいて、すぐに父君《ちちぎみ》の後《あと》をつがれた。わたしたちはとりあえず、いつものように定子《さだこ》さまの周《まわ》りに集《あつ》まっては、恋愛《れんあい》の話《はなし》とかをおしゃべりしていた。

すると、はしのほうで柱《はしら》にもたれ、おしゃべりを聞《き》いていたわたしのところに、丸《まる》めた紙《かみ》がぽん、と投《な》げられてきた。

拾《ひろ》って開《ひら》いてみると、定子《さだこ》さまからだ。

『一番《いちばん》に愛《あい》されなかったとしたら、どうかしら』

と書《か》いてある。以前《いぜん》わたしが、

「だれかから愛《あい》されるなら、『あなたが一番好《いちばんす》き』と言《い》われるのがいい。二番目《にばんめ》や三番目《さんばんめ》なんてぜったいにいやだ。それならにくまれたほうがまだまし」

と発言《はつげん》したのをふまえてのことだろう。

わたしははずかしくなり、

「定子《さだこ》さまから愛《あい》されるなら、何番目《なんばんめ》でも、ずっと順位《じゅんい》が下《した》のほうでもうれしいです」

とお返事《へんじ》をさしあげる。定子《さだこ》さまはあきれ顔《がお》でおっしゃった。

「本当《ほんとう》によくない。いちど断言《だんげん》したことはつらぬきなさい」

「しかし、お相手次第《あいてしだい》でございます……」

「それがよくないと言《い》っているの。一番《いちばん》すばらしいと思《おも》っている相《あい》手《て》にこそ、遠慮《えんりょ》せずに、その人《ひと》から一番《いちばん》に愛《あい》されたいと願《ねが》いなさい」

ああ、定子《さだこ》さま、かっこいい、すてき……とわたしは強《つよ》く思《おも》ったのだった。このようなすばらしいかたに、一生《いっしょう》お仕《つか》えしたい。

ある日《ひ》、定子《さだこ》さまの弟君《おとうとぎみ》隆家《たかいえ》さまが宮中《きゅうちゅう》にいらっしゃって、こんなご自慢《じまん》をされた。

「お姉《ねえ》さま、隆家《たかいえ》はものすごくめずらしい『扇《おうぎ》の骨《ほね》★』を手《て》に入《い》れました。それに紙《かみ》をはって扇《おうぎ》を完成《かんせい》させ、お姉《ねえ》さまにさしあげようと思《おも》うのですが、とにかくものすごい紙《かみ》をさがしております」

「どんな骨《ほね》なの？」

と定子《さだこ》さまがおたずねになると、隆家《たかいえ》さまは大声《おおごえ》でおっしゃる。

★扇《おうぎ》の骨《ほね》…扇《おうぎ》は扇子《せんす》。竹《たけ》や木《き》などで骨組《ほねぐ》みを作《つく》り、紙《かみ》や布《ぬの》をはったもの。扇《おうぎ》の「骨《ほね》」は「骨組《ほねぐ》み」のこと。

「とにかくものすごいんです。『まだだれも見《み》たことがないような骨《ほね》だ』とみんなが言《い》っていて。本当《ほんとう》にこれほどものすごい骨《ほね》は、わたしも見《み》たことがありません！」

そばで聞《き》いていてわたしはおかしくなり、つい、申《もう》しあげてしまった。

「そんなに『だれも見《み》たことがない』ものなら、きっと扇《おうぎ》の骨《ほね》ではなく、くらげの骨《ほね》★でございましょうね」

隆家《たかいえ》さまはお笑《わら》いになった。

「うまいことを言《い》うなあ、少納言《しょうなごん》。くらげの骨《ほね》って、隆家《たかいえ》が考《かんが》えたことにしていいかな？」

隆家《たかいえ》さまは、まことにこのような明《あか》るくたくましく、気骨《きこつ》のある★かただった。その元気《げんき》の良《よ》さが暗雲《あんうん》をもたらしてしまうことになる。

★**くらげの骨《ほね》**…実際《じっさい》のくらげに骨《ほね》はなく、とてもめずらしいこと、ありえないことの例《たと》え。

★**花山院《かざんいん》**…一条《いちじょう》の帝《みかど》の前《まえ》の、日本《にっぽん》の第《だい》65代天皇《だいてんのう》。花山院《かざんいん》は藤原道隆《ふじわらのみちたか》の父兼家《ちちかねいえ》と弟道兼《おとうとみちかね》の策略《さくりゃく》で出家《しゅっけ》（仏門《ぶつもん》に入《はい》り、お坊《ぼう》さんになること）して退位《たいい》した。

三《さん》　さびしさと悲《かな》しみの始《はじ》まり

年《とし》が明《あ》けてすぐ、大変《たいへん》なことが起《お》きた。
前《まえ》の帝《みかど》であられる花山院《かざんいん》★さまが、伊周《これちか》さまと隆家《たかいえ》さまの兄弟《きょうだい》と
その警護《けいご》の者《もの》たちによっておそわれる、という事件《じけん》があったのだ。

花山院《かざんいん》さまに矢《や》が射《い》かけられ、警護《けいご》の者《もの》たちが花山院《かざんいん》さまのお供《とも》たちと乱闘《らんとう》になって、お供《とも》に死者《ししゃ》が出《で》た。

しかも、この事件《じけん》は伊周《これちか》さまのかんちがいが原因《げんいん》だったのだ。伊《これ》周《ちか》さまが恋人《こいびと》の家《いえ》に別《べつ》の男《おとこ》が来《き》ていると知《し》り、隆家《たかいえ》さまとこらしめに行《い》った。それが花山院《かざんいん》さまだったのだが、花山院《かざんいん》さまの恋人《こいびと》は伊《これ》周《ちか》さまの恋人《こいびと》の妹《いもうと》、つまり別《べつ》の人《ひと》だった。

無関係《むかんけい》の上《うえ》にたいへん身分《みぶん》が高《たか》いかたを確認《かくにん》もせずにいきなり攻《こう》撃《げき》した罪《つみ》で、伊周《これちか》さまと隆家《たかいえ》さまは朝廷《ちょうてい》★の重要《じゅうよう》な役職《やくしょく》から遠《とお》い地方《ちほう》の役人《やくにん》に変《か》えられて、京《きょう》の都《みやこ》から実質追放《じっしつついほう》されることに決《き》まった。

つかまえに来《き》た役人《やくにん》からにげ回《まわ》った伊周《これちか》さまは、ご実家《じっか》に帰《かえ》っていた定子《さだこ》さまのお部屋《へや》に入《い》れてもらってかくれ、追《お》いかけてきた役《やく》人《にん》が土足《どそく》でふみこむ、という事態《じたい》になった。

★朝廷《ちょうてい》…昔《むかし》の日本《にっぽん》で天皇《てんのう》を中心《ちゅうしん》にした政府《せいふ》のこと。天皇《てんのう》や貴族《きぞく》たちが集《あつ》まって、国《くに》の重要《じゅうよう》なことを決《き》めたり、お祝《いわ》いごとをした。

兄君《あにぎみ》をかくまった定子《さだこ》さまは責任《せきにん》を感《かん》じて、突然《とつぜん》みずから髪《かみ》を切《き》ってしまわれた。髪《かみ》を切《き》って尼《あま》になるというのは、この世《よ》に生《い》きている人《ひと》とのつきあいをやめる、という意味《いみ》で、一条《いちじょう》の帝《みかど》さまとも夫婦《ふうふ》ではなくなってしまう。

定子《さだこ》さまと別《わか》れることに、帝《みかど》さまはたえられなかった。定子《さだこ》さまを心《こころ》から愛《あい》しておられたのだ。しかし、尼《あま》になった相手《あいて》をもとの内《だい》裏《り》★の部屋《へや》にもどし、今《いま》までどおりにくらすのは朝廷《ちょうてい》の役人《やくにん》である貴族《きぞく》のかたがたが許《ゆる》さない。

ほどなくご実家《じっか》も火事《かじ》になって燃《も》えてしまい、母君貴子《ははぎみたかこ》さまのご兄弟《きょうだい》の家《いえ》に仮住《かりず》まいされていた定子《さだこ》さまだった。このとき、定子《さだこ》さまのおなかには赤《あか》ちゃんが宿《やど》っておられた。

この事件《じけん》の衝撃《しょうげき》のあまり、母君《ははぎみ》の貴子《たかこ》さまは病《やまい》にたおれ、遠《とお》くへ

★内裏《だいり》…皇居《こうきょ》。

行《い》かされた息子《むすこ》たちと、不安定《ふあんてい》な立場《たちば》の定子《さだこ》さまと生《う》まれてくる赤《あか》ちゃんをとても心配《しんぱい》されながら亡《な》くなられた。この一年《いちねん》が終《お》わらないうちのできごとだった。

この大変《たいへん》なときに、わたしは定子《さだこ》さまのおそばにお仕《つか》えできなくなったのが、本当《ほんとう》にくやしい。

伊周《これちか》さまを追《お》いだして、代《か》わりにご自分《じぶん》が貴族《きぞく》たちのてっぺんに立《た》とうとお考《かんが》えの藤原道長《ふじわらのみちなが》さまに、わたしが賛成《さんせい》しているとほかの世話係《せわがかり》たちからうたがわれ、わざと無視《むし》されたり、ひどいいやがらせを受《う》けたのだ。

たしかにわたしは、道長《みちなが》さまや道長《みちなが》さまの味方《みかた》についた貴族《きぞく》のかたがたにも、平等《びょうどう》に接《せっ》していたし公平《こうへい》な目《め》で見《み》ていた。けれど、だからといって、あちらに味方《みかた》して、定子《さだこ》さまを裏切《うらぎ》るつもりはまっ

たくない。

その気持《きも》ちは周囲《しゅうい》に理解《りかい》してもらえず、夏《なつ》、わたしはいったん定《さだ》子《こ》さまのおそばをはなれ、実家《じっか》に帰《かえ》ることにした。周《まわ》りのみんながぎすぎすしていることで、大変《たいへん》な状態《じょうたい》の定子《さだこ》さまにさらなるご心配《しんぱい》をおかけしたくなかった。

実家《じっか》にもどったわたしは、心《こころ》を落《お》ちつかせるため、好《す》きなことやおもしろいことをさらに熱心《ねっしん》に書《か》きつづけた。仕事《しごと》がなく時間《じかん》だけはたくさんある。

でも、うかんでくるのは定子《さだこ》さまの笑顔《えがお》ばかり。何《なに》を書《か》いたら、定子《さだこ》さまが喜《よろこ》んでくださるのか……。

定子《さだこ》さまをはげましてさしあげたい。

定子《さだこ》さまにお似合《にあ》いのすてきなものを書《か》きだしてみよう。

『上品《じょうひん》なもの。かき氷《ごおり》にあまづらという液《えき》をかけ、金属製《きんぞくせい》の新《あたら》しい容器《ようき》に入《い》れたもの』

かき氷《ごおり》を夏《なつ》に食《た》べることができるのは、本当《ほんとう》に限《かぎ》られた、身分《みぶん》の高《たか》い人《ひと》だけ。

高《たか》い山《やま》の奥《おく》に穴《あな》をほり、真冬《まふゆ》に作《つく》った氷《こおり》を保存《ほぞん》しておいて、夏《なつ》にそこからとりだして運《はこ》んでくるのだけれど、大《おお》きな氷《こおり》でないととちゅうでとけてなくなってしまう。

かけるあまづらも、とてもあまくてほかにないものだけれど、冬《ふゆ》場《ば》につるを切《き》って汁《しる》を集《あつ》めて煮《に》つめるのが手間《てま》がかかり、ほんの少《すこ》ししか作《つく》れない。

そんなめずらしいものを定子《さだこ》さまから分《わ》けていただけたのは、とても幸《しあわ》せなことだった。あの冷《つめ》たさとあまさの記《き》憶《おく》が、定子《さだこ》さまの幸《しあわ》せだったころにつながっている。

あてなるもの
……（中略《ちゅうりゃく》）……
削《けず》り氷《ひ》にあまづら入《い》れて、
あたらしき金鋺《かなまり》に入《い》れたる。

（上品《じょうひん》なもの。
かき氷《ごおり》にあまづらという液《えき》をかけ、
金属製《きんぞくせい》の新《あたら》しい容器《ようき》に入《い》れたもの。）

定子《さだこ》さまを思《おも》って書《か》くたびに、わたしの胸《むね》が切《せつ》なく痛《いた》む。

めずらしいものといえば。

『鳥《とり》は、外国《がいこく》から来《き》たものだけれど、おうむがとてもおもしろい。人《ひと》の話《はな》す言葉《ことば》を真似《まね》するらしい』

内裏《だいり》には、海《うみ》のむこうからもたらされためずらしいものが、いろいろと届《とど》けられていた。

定子《さだこ》さまもそれらをごらんになっては、お喜《よろこ》びになられていた。

……本当《ほんとう》に、さびしい。定子《さだこ》さまとはなれてひとりでくらすのは。

『鳥《とり》といえば、山鳥《やまどり》はひとりぼっちがきらい。鏡《かがみ》を見《み》せると安心《あんしん》するらしい。鏡《かがみ》に映《うつ》っているのが自分《じぶん》の姿《すがた》だとわからないところが、ちょっとかわいそう。

仲《なか》のよい夫婦《ふうふ》の山鳥《やまどり》が、谷《たに》をへだてて別々《べつべつ》に寝《ね》なくてはならないことになったときが、本当《ほんとう》に気《き》の毒《どく》だ』

そう、定子《さだこ》さまと一条《いちじょう》の帝《みかど》さまのように。あんなにも仲《なか》むつまじかったおふたりが、引《ひ》きはなされてしまった。

もうすぐお子《こ》さまも生《う》まれるというのに……。

好《す》きなことばかり書《か》いても、どんなにおもしろいことを書《か》いても、ぐちを書《か》いても何《なに》を書《か》いても、定子《さだこ》さまへの思《おも》いが呼《よ》びおこされてしまう。

秋《あき》のはじめころ、わたしがどうしているか気《き》にかけてくださったのか、仕事《しごと》でよくお話《はなし》をしていた貴《き》族《ぞく》の男《おとこ》のかたが、わが家《や》をたずねてきた。いろいろと情報《じょうほう》を教《おし》えてもらう。

「さきほど、定子《さだこ》さまのところにうかがったら、庭《にわ》の草《くさ》がのび放題《ほうだい》だったよ。『どうして草《くさ》かりをさせないのだ』とたずねたら、世話《せわ》

鳥《とり》は
こと所《ところ》の物《もの》なれど、
鸚鵡《おうむ》、いとあは《（わ）》れなり。
人《ひと》のいふ《（う）》らんことをまねぶらんよ。

（鳥《とり》は、外国《がいこく》から来《き》たものだけれど、
おうむがとてもおもしろい。
人《ひと》の話《はな》す言葉《ことば》を真似《まね》するらしい。）

山鳥《やまどり》、
友《とも》を恋《こ》ひ《（い）》て、
鏡《かがみ》を見《み》すれば
なぐさむらん、
心《こころ》わか《（こ）》う、
いとあは《（わ）》れなり。

（山鳥《やまどり》はひとりぼっちがきらい。
鏡《かがみ》を見《み》せると
安心《あんしん》するらしい。
鏡《かがみ》に映《うつ》っているのが
自分《じぶん》の姿《すがた》だと
わからないところが、
ちょっとかわいそう。）

係《がかり》が『定子《さだこ》さまが、草《くさ》の葉《は》に露《つゆ》が降《お》りたのを見《み》て楽《たの》しみたいので、そのままでとおっしゃったから』と言《い》った」

さすがは定子《さだこ》さま。

権力《けんりょく》を得《え》た道長《みちなが》さまの顔色《かおいろ》をうかがっておそばからいなくなった人《ひと》もいて、世話《せわ》する者《もの》たちが減《へ》ってしまい、ゆきとどかないのをそのように雅《みやび》な言葉《ことば》でかばわれる。すばらしいおかただ。

それからそのかたは、こうもおっしゃった。

「その世話係《せわがかり》が『少納言《しょうなごん》が実家《じっか》にいるので、不安《ふあん》になる。少納言《しょうなごん》なら、どんなにいやなことを言《い》われても、そばにいてくれると思《おも》ったのに』と定子《さだこ》さまはお思《おも》いのようだ、と伝《つた》えてほしいと」

「実家《じっか》に帰《かえ》ったのは、わたしのことをにくらしい、大《だい》きらい、と言《い》う人《ひと》がいて、わたしもその人《ひと》を大《だい》きらいになったからですよ」

わたしがそう答《こた》えたら、そのかたは苦笑《くしょう》した。

「正直《しょうじき》ですね」

でも、たしかに、いま定子《さだこ》さまはどんなお気持《きも》ちなのだろう。

わたしがいなくなったことで、わたしの悪口《わるぐち》は言《い》いたい放題《ほうだい》になり、定子《さだこ》さまのまわりでは「道長《みちなが》さまの味方《みかた》」と決《き》めつけて、作《つく》り話《ばなし》までされているにちがいない。そのことで、よけいにご心配《しんぱい》をおかけしてはいないだろうか……。

ときどき、定子《さだこ》さまからは『もどってきなさい』と書《か》かれたお手《て》紙《がみ》が来《き》た。けれど、わたしをきらう人《ひと》たちに会《あ》うのがめんどうで、もどる気《き》にはなかなかなれなかった。

よい返事《へんじ》が書《か》けずにいたある日《ひ》、定子《さだこ》さまからまたお手紙《てがみ》が届《とど》いた。上質《じょうしつ》な紙《かみ》が二十枚《にじゅうまい》もそえられている。

『早《はや》く来《き》なさい。この紙《かみ》をあげるから。それほどいいものではないようだから、寿命《じゅみょう》が延《の》びるかはわからないけど』

お手紙《てがみ》のお言葉《ことば》で、

(ああ、あのときのことをおぼえてくださっているのだ)

とわたしは気《き》づいた。

以前《いぜん》、定子《さだこ》さまの前《まえ》でみんなでおしゃべりしていたときだった。

わたしはこう発言《はつげん》した。

「とにかく腹《はら》が立《た》って、どこかに行《い》ってしまいたいと思《おも》うくらいすごくいやなことがあっても、真《ま》っ白《しろ》できれいな紙《かみ》と上等《じょうとう》な筆《ふで》が手《て》に入《はい》ったら、『まあいいや、もう少《すこ》しここで生《い》きていこう』と思《おも》えますよね」

定子《さだこ》さまはにっこりとほほえまれて、お答《こた》えくださった。

「ささやかなことで心《こころ》がなぐさめられるのね」

わたしは書《か》くことが好《す》きなのだから、それでいい。わたしには紙《かみ》や筆《ふで》がお宝《たから》になる。

このことを、じつはわたし自身《じしん》はわすれかけていた。なのに定子《さだこ》さまがおぼえていてくださったので本当《ほんとう》にうれしくて舞《ま》いあがり、なんてお返事《へんじ》すればいいのかわからなくなりかけるほどだった。

とりあえず『大《おお》げさかもしれませんが、うれしさで千年《せんねん》くらい長《なが》生《い》きできそうです』とお返事《へんじ》をさしあげた。

新《あたら》しくいただいたこの紙《かみ》があれば、もっともっと、好《す》きなことやおもしろいことを書《か》くことができる。

人《ひと》と人《ひと》の仲《なか》は、遠《とお》いようで近《ちか》い。男女《だんじょ》も、主従《しゅじゅう》も、友情《ゆうじょう》も。体《からだ》は遠《とお》くはなれていても、心《こころ》はすぐそばにある。その人《ひと》を思《おも》うときに。

秋《あき》が深《ふか》まるにつれて、定子《さだこ》さまのご出産《しゅっさん》が近《ちか》づき、わたしはそれが心配《しんぱい》でたまらなくなった。ついついこんなことをいただいた紙《かみ》に書《か》きつける。

『早《はや》く知《し》りたいもの。だれかが赤《あか》ちゃんを産《う》んだとき、男《おとこ》の子《こ》か、女《おんな》の子《こ》か、早《はや》く聞《き》きたい。身分《みぶん》の高《たか》いかたなら、とくにそう』

身分《みぶん》の高《たか》いかたのお子《こ》さまは、将来《しょうらい》の世《よ》の中《なか》の動《うご》きに関《かか》わるのだから。定子《さだこ》さまのお子《こ》さまは、どちらだろう。

男《おとこ》の子《こ》――若宮《わかみや》さまならば、遠《とお》い先《さき》の帝《みかど》になられる可能性《かのうせい》が高《たか》く、定子《さだこ》さまの立場《たちば》ももう少《すこ》し敬《うやま》われることになる。そうなればうれしいけれど、もちろん姫宮《ひめみや》★さまでも、とにかくぶじにお生《う》まれであればうれしい。

『はらはらしてじれったいもの。出産《しゅっさん》するはずの人《ひと》が、予定日《よていび》を過《す》ぎても生《う》まれそうにないとき。早《はや》く生《う》まれてほしいと願《ねが》った子《こ》ども

★姫宮《ひめみや》…天皇《てんのう》の娘《むすめ》。内親王《ないしんのう》。

が生《う》まれ、その子《こ》が五十日《ごじゅうにち》、百日《ひゃくにち》と育《そだ》っていくとき、ぶじに育《そだ》つのか、将来《しょうらい》がどうなるのか、心配《しんぱい》ではらはらする。

遠《とお》いところにいる好《す》きな人《ひと》から手紙《てがみ》が届《とど》いて、包《つつ》み紙《がみ》にごはんつぶののりでしっかりと封《ふう》★がされてあったとき、はがすまでのあいだは、本当《ほんとう》にじれったい』

『早《はや》く、早《はや》くお知《し》らせの手紙《てがみ》が来《き》て、封《ふう》を開《あ》けたい。

『しみじみと胸《むね》がせつなくなるもの。鶏《にわとり》が卵《たまご》を温《あたた》めてうずくまっているさま』

おなかの赤《あか》ちゃんを大切《たいせつ》に護《まも》る定子《さだこ》さまを思《おも》いださせるから。

『愛《あい》しあっている若《わか》い恋人《こいびと》たちが、まわりの状況《じょうきょう》が許《ゆる》してくれなくて、思《おも》うようにならずに会《あ》えないでいるようす』

定子《さだこ》さまと一条《いちじょう》の帝《みかど》さまのように……。

冬《ふゆ》になってやっと生《う》まれたのは、女《おんな》の子《こ》――姫宮《ひめみや》さまだった。

★ごはんつぶののりでしっかりと封《ふう》…当時《とうじ》はごはんつぶをつぶして練《ね》ったものを接着《せっちゃく》剤《ざい》として使《つか》っていた。

心《こころ》もとなきもの

…（中略《ちゅうりゃく》）…

いつしかと待《ま》ちいでたるちごの、
五十日《いか》、百日《ももか》などのほどになりたる、
行《ゆ》くすゑ《（え）》いと心《こころ》もとなし。

（はらはらしてじれったいもの。
早《はや》く生《う》まれてほしいと願《ねが》った子《こ》どもが生《う》まれ、
その子《こ》が五十日《ごじゅうにち》、百日《ひゃくにち》と育《そだ》っていくとき、
ぶじに育《そだ》つのか、将来《しょうらい》がどうなるのか、
心配《しんぱい》ではらはらする。）

さらに時《とき》が過《す》ぎて、翌年《よくとし》の春《はる》になった。定子《さだこ》さまからのお手紙《てがみ》もなかなか来《こ》なくなり、やはり見捨《みす》てられたのか、でも悪《わる》いのは自分《じぶん》だ……ともやもやしていたころ。

ひさしぶりにお手紙《てがみ》をいただいた。

早《はや》く、早《はや》く、と手紙《てがみ》を開《あ》けてみると、紙《かみ》には何《なに》も書《か》いてなくて、ただ一枚《いちまい》、山吹《やまぶき》の黄色《きいろ》い花《はな》びら★が入《はい》っている。

その花《はな》びらに

『言《い》わないで、思《おも》っている』

とだけ書《か》いてあった。

古《ふる》い和歌《わか》に、湧《わ》く水《みず》のようにたくさんの思《おも》いが心《こころ》にあふれていて、言《い》うよりも思《おも》うほうが気持《きも》ちが強《つよ》い、という意味《いみ》の歌《うた》があるので、そのことだろう。

わたしはうれしくてうれしくて、手紙《てがみ》をだきしめた。

★**山吹《やまぶき》の黄色《きいろ》い花《はな》びら**…山吹《やまぶき》の花《はな》は「くちなし」色《いろ》（黄色《きいろ》）のため、「口無《くちな》し」とかけて「言《い》わないで、思《おも》っている」とつなげている。

手紙《てがみ》を持《も》ってきた使《つか》いが言《い》う。

「定子《さだこ》さまが何度《なんど》も何度《なんど》も清少納言《せいしょうなごん》さんのことをいつも思《おも》いだしておいでなのに、なぜあなたはこれほど長《なが》くもどってこられないのか、みなさん、わからないと思《おも》っているようです。どうしてもどらないのですか」

まったく、そのとおりだ、と返《かえ》す言葉《ことば》もなかった。

わたしは何《なに》をこわがっているのだろう。

定子《さだこ》さまが心配《しんぱい》なことよりも、自分《じぶん》の悪口《わるぐち》を言《い》われるのがいやだからではないのか。

そんなの、自分勝手《じぶんかって》ではないか。本当《ほんとう》に定子《さだこ》さまが心配《しんぱい》なら、自《じ》分《ぶん》なんてどうなってもいい、と思《おも》えるのでは。

けっきょく夏《なつ》になって、内裏《だいり》でくらすおきさきさまがたのお世話《せわ》をとりしきるお役所《やくしょ》の建物《たてもの》の一部《いちぶ》を借《か》りて、定子《さだこ》さまとお世話係《せわがかり》たちがくらすことになった★。

この建物《たてもの》は内裏《だいり》のとなりに建《た》っていて、いちおう内裏《だいり》の中《なか》ではない。内裏《だいり》の外《そと》にかんたんには出《で》られない帝《みかど》さまがなるべく近《ちか》くで定子《こ》さまにくらしてほしいとお思《おも》いになられたようだ。

この建物《たてもの》の名前《なまえ》を「職御曹司《しきのみぞうし》」という。姫宮《ひめみや》さまが安心《あんしん》してお健《すこ》やかに過《す》ごせるよう、という帝《みかど》さまのお心《こころ》もあり、定子《さだこ》さまはこの決定《けってい》を受《う》け入《い》れた。

さらには、伊周《これちか》さまと隆家《たかいえ》さまも朝廷《ちょうてい》からのお許《ゆる》しがあって、京《きょう》の都《みやこ》にもどってこられた。けれど、父君道隆《ちちぎみみちたか》さまのいらっしゃったころとはちがって、定子《さだこ》さまとご兄弟《きょうだい》そろって貴族《きぞく》のかたがたから冷《つめ》たい態度《たいど》を取《と》られる毎日《まいにち》だった。

定子《さだこ》さまのもっとも心強《こころづよ》いお味方《みかた》は一条《いちじょう》の帝《みかど》さま。帝《みかど》さまのお心《こころ》

★**建物《たてもの》の一部《いちぶ》を借《か》りて…くらすことになった。**…ふつう出家《しゅっけ》した（尼《あま》になった）女性《じょせい》は、異性《いせい》と恋人《こいびと》・結婚関係《けっこんかんけい》にならないこともあり、尼《あま》になった定子《さだこ》は内裏《だいり》の中《なか》に入《はい》れなかった。

だけを支《ささ》えにして、定子《さだこ》さまは生《い》きぬいておられた。

姫宮《ひめみや》さまがいらっしゃるので人手《ひとで》も必要《ひつよう》だし、わたしも腹《はら》をくくって世話係《せわがかり》に復帰《ふっき》した。

自分《じぶん》がまちがっていた、と気《き》がついたわたしは、もどってきたものの はずかしくて、定子《さだこ》さまがおいでになる部屋《へや》に行《い》っても、几帳《きちょう》の後《うし》ろにかくれていた。

定子《さだこ》さまはお気《き》づきになり
「あそこにいるのは新人《しんじん》かしら」

などとお笑《わら》いになって、こうおっしゃった。

「あのときの花《はな》びらの歌《うた》は、わたくしの気持《きも》ちをうまく言《い》えたと思《おも》っているのよ。少納言《しょうなごん》がいなくては本当《ほんとう》に楽《たの》しくないもの、ただそれだけ」

どのような立場《たちば》に置《お》かれようともまるでお変《か》わりない定子《さだこ》さまの笑顔《えがお》に、わたしは本当《ほんとう》に心《こころ》から安心《あんしん》し、感激《かんげき》したのだった。

四《よん》　定子《さだこ》さまのおそばにいる意味《いみ》

職御曹司《しきのみぞうし》にくらすようになって夏《なつ》が過《す》ぎ、中秋《ちゅうしゅう》の名月《めいげつ》★の数日前《すうじつまえ》の夜《よる》のこと。

月《つき》の明《あか》るい晩《ばん》で、定子《さだこ》さまは部屋《へや》のはしの月明《つきあ》かりがさしこむような場所《ばしょ》においでだった。

世話係《せわがかり》たちがおしゃべりをして笑《わら》いあっているなか、わたしが建物《たてもの》の片隅《かたすみ》にある廊下《ろうか》の柱《はしら》によりかかってだまっていたら、定子《さだこ》さまがお声《こえ》をかけてくださった。

「少納言《しょうなごん》、どうしてだまっているの？　なにか話《はな》して。あなたが静《しず》かだとさびしいから」

わたしはこうお答《こた》えした。

「ただ、秋《あき》の月《つき》の心《こころ》を見《み》ているだけでございます」

★中秋《ちゅうしゅう》の名月《めいげつ》…旧暦《きゅうれき》（昔《むかし》のカレンダー）で8月《がつ》15日《にち》の夜《よる》（十五夜《じゅうごや》）に見《み》える月《つき》。丸《まる》い月《つき》がきれいに見《み》える。なお、旧暦《きゅうれき》では7・8・9月《がつ》が秋《あき》だった。

「そのとおりね。とてもよい月《つき》」

わたしのひとことで、定子《さだこ》さまがわたしと同《おな》じ古《ふる》い漢詩《かんし》を思《おも》いうかべてくださったのがうれしかった。

月《つき》の形《かたち》は毎年《まいとし》いつもと同《おな》じだけれど、いろいろあってわたしの気《き》持《も》ちが何年《なんねん》か前《まえ》とは変《か》わったから、月明《つきあ》かりがちがう色《いろ》に見《み》えてくる。それは、定子《さだこ》さまも同《おな》じ。

桜《さくら》を見《み》ても、紅葉《もみじ》を見《み》ても、雪《ゆき》を見《み》ても、何年《なんねん》か前《まえ》のようにただ楽《たの》しくはしゃぐだけではもう、いられないのだ。

どうにもならない悲《かな》しみを知《し》ってしまったから。

翌年《よくとし》の梅雨《つゆ》のころ。ずっと天気《てんき》が悪《わる》く、雨《あめ》が降《ふ》ったりやんだりのどんよりした空《そら》だった。

気分《きぶん》がすっきりしなくて、わたしはつい

「ほととぎす★の鳴《な》き声《ごえ》を聴《き》きに、どこか山《やま》のほうへ行《い》きたいですね」

とつぶやいた。すると、わたしも行《い》きたい、わたしも、と仕事仲《しごとなか》間《ま》たちがつぎつぎに名乗《なの》りでる。

牛車《ぎっしゃ》を借《か》りて、四人《よにん》で出《で》かけることになった。

ほかの世話係《せわがかり》たちがうらやましがって、

「もう一台牛車《いちだいぎっしゃ》を用意《ようい》して、いっしょに行《い》きたい」

というけれど、それではおそばで働《はたら》く人《ひと》がいなくなってしまうので、定子《さだこ》さまがだめとおっしゃる。

なので知《し》らんぷりして、四人《よにん》だけで出発《しゅっぱつ》した。

郊外《こうがい》に、定子《さだこ》さまの伯父君高階明順《おじぎみたかしなのあきのぶ》さまの別荘《べっそう》があったのでそこへ行《い》った。

質素《しっそ》なつくりの田舎風《いなかふう》の建物《たてもの》で、うわさどおり、やかましいほど

★ほととぎす…日本《にっぽん》では夏《なつ》の風物詩《ふうぶつし》として、和歌《わか》に詠《よ》まれる代表的《だいひょうてき》な鳥《とり》。

ほととぎすが鳴《な》いている。定子《さだこ》さまや、来《き》たがっていた人《ひと》たちに聴《き》かせてあげられなくて残念《ざんねん》に思《おも》った。

明順《あきのぶ》さまがめずらしいものを見《み》せてくださった。近所《きんじょ》の農家《のうか》の娘《むすめ》たちを五《ご》、六《ろく》人集《にんあつ》めて稲《いね》の脱穀《だっこく》をさせたり、二人《ふたり》で歌《うた》いながら挽《ひ》き臼《うす》を回《まわ》して製粉《せいふん》をさせたりする。

稲《いね》というものも、重《おも》たい音《おと》でぐるぐる回《まわ》る臼《うす》も初《はじ》めて見《み》た。こうしてお米《こめ》や粉《こな》ができているらしい。めずらしさに、ほととぎすの歌《うた》を詠《よ》んでくるという定子《さだこ》さまとの約束《やくそく》があったのをわすれてしまう。

また、明順《あきのぶ》さまは自分《じぶん》で採《と》っておいでになったという下《した》わらび★を使《つか》った料理《りょうり》を食《た》べさせてくださった。

ごちそうになっていると、牛車係《ぎっしゃがかり》の男《おとこ》の人《ひと》が

「雨《あめ》が降《ふ》りそうです」

と言《い》うので、急《いそ》いで帰《かえ》る。土砂降《どしゃぶ》りになったら、牛車《ぎっしゃ》の輪《わ》がぬかるみにはまって動《うご》かなくなってしまう。

「でも、ほととぎすの歌《うた》はここで詠《よ》まないと」

「帰《かえ》り道《みち》でも詠《よ》めるのでは？」

ということになった。

★下《した》わらび…春《はる》、草《くさ》の下《した》などに生《は》え出《で》た小《ちい》さいワラビ（山菜《さんさい》の一種《いっしゅ》）。

とちゅうの道沿《みちぞ》いにたくさんさいていた卯《う》の花《はな》★を折《お》り取《と》って、牛車《ぎっしゃ》のすだれや座席《ざせき》の横《よこ》にさしてかざり、屋根《やね》にもさしたら、卯《う》の花《はな》の垣根《かきね》を牛《うし》が引《ひ》いているみたいになった。

牛車係《ぎっしゃがかり》も笑《わら》って、「ここがまだ足《た》りませんね」と枝《えだ》をどんどん追《つい》加《か》してかざる。

帰《かえ》りつくころに雨《あめ》が降《ふ》ってきた。定子《さだこ》さまがおたずねになる。

「どこにあるの、ほととぎすの歌《うた》を書《か》いた紙《かみ》は」

わたしたち四人《よにん》は、しまった、と顔《かお》を見《み》あわせた。卯《う》の花《はな》ではしゃぎすぎて、帰《かえ》り道《みち》でも歌《うた》を詠《よ》むのをわすれてしまった。

説明《せつめい》を聞《き》いた定子《さだこ》さまはこうおっしゃった。

「がっかりね。今《いま》ここで詠《よ》みなさい。本当《ほんとう》にあきれた」

まったくそのとおりで首《くび》をすくめていたら、とつぜん雷《かみなり》が鳴《な》りひびき、はげしい雨《あめ》になった。

★**卯《う》の花《はな》**…ウツギの別名《べつめい》。旧暦《きゅうれき》（昔《むかし》のカレンダー）の4月《がつ》を指《さ》す卯月《うづき》の名《な》のもとになった。春《はる》から夏《なつ》にかけて白《しろ》い小《ちい》さな花《はな》をさかせる。垣根《かきね》の植物《しょくぶつ》としてよく用《もち》いられた。

あわてて、室内《しつない》や御簾《みす》がぬれないよう格子戸《こうしど》を下《お》ろして回《まわ》ってい
たら、また歌《うた》のことはうやむやになってしまった。
夜《よる》になってやっと落《お》ちついたけれど、なんだか今《いま》さら歌《うた》を詠《よ》む気《き》
になれない。
「今《いま》さらですが、ほととぎすを聞《き》きに行《い》ったことは秘密《ひみつ》で……」
わたしがそうつぶやいてごまかし笑《わら》いをしたら、定子《さだこ》さまが不機《ふき》
嫌《げん》になられる。
「四人《よにん》でそうやって相談《そうだん》して、やらないですまそうとしているの
ね」
「詠《よ》みたくても、ばたばたしていたらもうそういう気分《きぶん》ではなく
なって、白《しら》けてしまいまして」
「白《しら》けた、ではありません」
定子《さだこ》さまがおいかりになるのも当然《とうぜん》のことで、わたしは自分《じぶん》の身《み》

勝手《がって》な発言《はつげん》を恥《は》じた。

定子《さだこ》さまが理想《りそう》とされる「和歌《わか》や言葉遊《ことばあそ》びで楽《たの》しく、しゃれた雰《ふん》囲気《いき》を作《つく》りだす」ことに、わたしたちは努《つと》めなければならなかった。それが仕事《しごと》なのに、なれ合《あ》いすぎてなまけてしまった。

二日《ふつか》ほどして、ほととぎすを聴《き》きに出《で》かけたことがまた話題《わだい》になった。ある世話係《せわがかり》が
「どうでしたか、『自分《じぶん》で採《と》りました』というわらびの味《あじ》は」

と言《い》うのをお聞《き》きになった定子《さだこ》さまが、

「思《おも》いだすことが、よりによってそれなの？」

とあきれてお笑《わら》いになった。手近《てぢか》にあった紙《かみ》に
『下《した》わらびこそ　恋《こい》しかりけれ（食《た》べたわらびが恋《こい》しい）』

とお書《か》きになられて、

「この歌《うた》の上《かみ》の句《く》★を考《かんが》えなさい」と、わたしにおっしゃる。

『ほととぎす　たづねて聴《き》きし　声《こえ》よりも（ほととぎすを探《さが》しに行《い》って、聴《き》いた声《こえ》よりも）』

と、書《か》いてお目《め》にかけた。定子《さだこ》さまは苦笑《くしょう》された。

「少納言《しょうなごん》、何《なに》をえらそうに今《いま》になって。こうまでして、無理矢理《むりやり》ほととぎすを出《だ》して、歌《うた》の約束《やくそく》を果《は》たすなんて」

わたしは恥《は》ずかしかったけれど、正直《しょうじき》な考《かんが》えをまじめに答《こた》えた。

「すみません。わたしは歌《うた》が好《す》きだけれど、同時《どうじ》にきらいなのかもしれません。

わたしは和歌《わか》が上手《じょうず》と言《い》われた家系《かけい》の生《う》まれです。なので、よい歌《うた》を詠《よ》めるのだろうと詠《よ》む前《まえ》から期待《きたい》されてしまいます。けれども自分《じぶん》なりに、自分《じぶん》らしい歌《うた》を詠《よ》んでも、できが今《いま》ひとつだったら歌《うた》詠《よ》みで知《し》られた亡《な》き父《ちち》や先祖《せんぞ》に恥《はじ》をかかせてしまうかと思《おも》うと、申《もう》

★上《かみ》の句《く》…短歌《たんか》の前半《ぜんはん》の五《ご》・七《しち》・五《ご》の三句《さんく》。下《しも》の句《く》は後半《こうはん》の七《しち》・七《しち》の二句《にく》。

し訳《わけ》なく思《おも》います」

「そうだったの。では、あなたの好《す》きになさい。わたくしは『詠《よ》め』とは言《い》わないようにするから」

「大変《たいへん》ほっとしました。今後《こんご》は歌《うた》のことは考《かんが》えないことにします」


その年《とし》の暮《く》れ、十二月《じゅうにがつ》の十日《とおか》過《す》ぎに大雪《おおゆき》が降《ふ》った。

「中庭《なかにわ》に大《おお》きな雪《ゆき》の山《やま》を造《つく》りましょう」

とだれかが言《い》いだした。この建物《たてもの》で働《はたら》く役人《やくにん》の男《おとこ》の人《ひと》たちを呼《よ》び集《あつ》めて、そうじ係《がかり》の男《おとこ》の人《ひと》も加《くわ》わり、定子《さだこ》さまのおおせとして雪《ゆき》の山《やま》を造《つく》らせる。

建物《たてもの》の周《まわ》り全部《ぜんぶ》の雪《ゆき》をかき集《あつ》め、中庭《なかにわ》に積《つ》み上《あ》げて固《かた》めて、本当《ほんとう》に大《おお》きな大《おお》きな雪《ゆき》の山《やま》ができた。聞《き》いたところでは、帝《みかど》さまのお住《す》まいや、東宮《とうぐう》さまのお住《す》まいでも中庭《なかにわ》に雪《ゆき》の山《やま》を造《つく》ったらしい★。

★帝《みかど》さまのお住《す》まいや〜らしい…当時《とうじ》、雪山造《ゆきやまづく》りは天皇《てんのう》や中宮《ちゅうぐう》、貴族《きぞく》たちが行《おこな》う一種《いっしゅ》の文化的《ぶんかてき》なイベントだった。定子《さだこ》が、職御曹司《しきのみぞうし》にいながらも中宮《ちゅうぐう》にふさわしい文化《ぶんか》水準《すいじゅん》の高《たか》さを保《たも》っていることをアピールすることにもなっている。

定子《さだこ》さまも感心《かんしん》なされて、手伝《てつだ》ってくれた役人《やくにん》のかたがたに、お礼《れい》として絹《きぬ》の布《ぬの》★を二巻《ふたま》きあげた。

「この雪《ゆき》の山《やま》はいつまでとけきらずにあるかしら」

と定子《さだこ》さまがおっしゃるので、世話係《せわがかり》たちが口々《くちぐち》に

「十日《とおか》はもつのでは」

「十四《じゅうし》、五日《ごにち》くらいもつでしょう」

などと申《もう》し上《あ》げる。つまり年内《ねんない》にはとけて消《き》える、とみんな思《おも》っているということだ。定子《さだこ》さまはわたしにもおたずねになった。

「少納言《しょうなごん》はどう思《おも》う？」

「いえいえ、年《とし》を越《こ》して、正月十日《しょうがつとおか》過《す》ぎまではあるでしょう」

わたしがそう答《こた》えたら、定子《さだこ》さまは、そんなにはもたないとお思《おも》いになったごようすだった。

（しまった。そのとおりだ。つい調子《ちょうし》に乗《の》ってほかの人《ひと》よりも長《なが》い

★絹《きぬ》の布《ぬの》…美《うつく》しい着物《きもの》や装飾品《そうしょくひん》に使《つか》われた、高価《こうか》で貴重《きちょう》な布《ぬの》。当時《とうじ》、目下《めした》の人《ひと》への特別《とくべつ》なほうびとしても使《つか》われた。

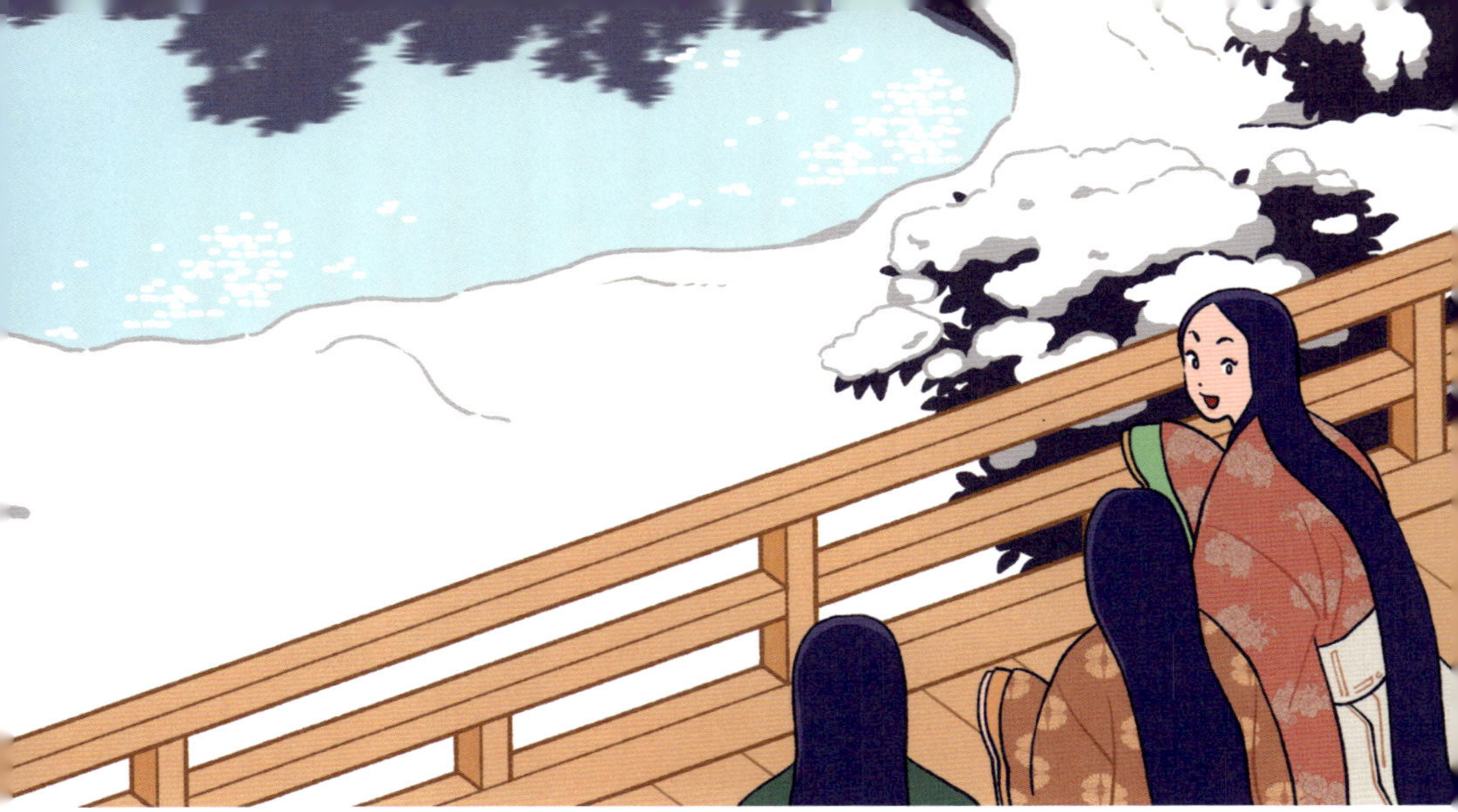

日数《にっすう》を答《こた》えたけれど、一月一日《いちがついたち》まで、と言《い》えばよかった）

でも今《いま》さらそう言《い》うのはみっともない。わたしは意地《いじ》を張《は》ってしまった。絶《ぜっ》対《たい》にもちます、と。

十二月二十日《じゅうにがつはつか》に雨《あめ》が降《ふ》った。でも、雪《ゆき》の山《やま》はしっかりしていてとけて消《き》えそうにない。ただ、高《たか》さがほんの少《すこ》し下《さ》がった。

（雪国加賀白山《ゆきぐにかがはくさん》★の観音《かんのん》さま★、これを消《き》えさせないでください）

わたしは心《こころ》の中《なか》でいっしょうけんめい祈《いの》ったけれど、あとで思《おも》えば、なんだか

★**加賀白山《かがはくさん》**…加賀《かが》は現在《げんざい》の石川県《いしかわけん》の南端《なんたん》。白山《はくさん》は石川県《いしかわけん》と岐阜県《ぎふけん》の県境《けんざかい》に位置《いち》する山々《やまやま》。雪《ゆき》をかぶった純白《じゅんぱく》の印象《いんしょう》から、古《ふる》くは「越《こし》の白嶺《しらね》」ともよばれた。

★**観音《かんのん》さま**…観世音菩薩《かんぜおんぼさつ》を略《りゃく》した名前《なまえ》。宗派《しゅうは》の枠《わく》をこえて広《ひろ》く信仰《しんこう》され愛《あい》されている仏《ほとけ》で、人々《ひとびと》から親《した》しみを込《こ》めて「観音《かんのん》さま」とよばれることも多《おお》い。

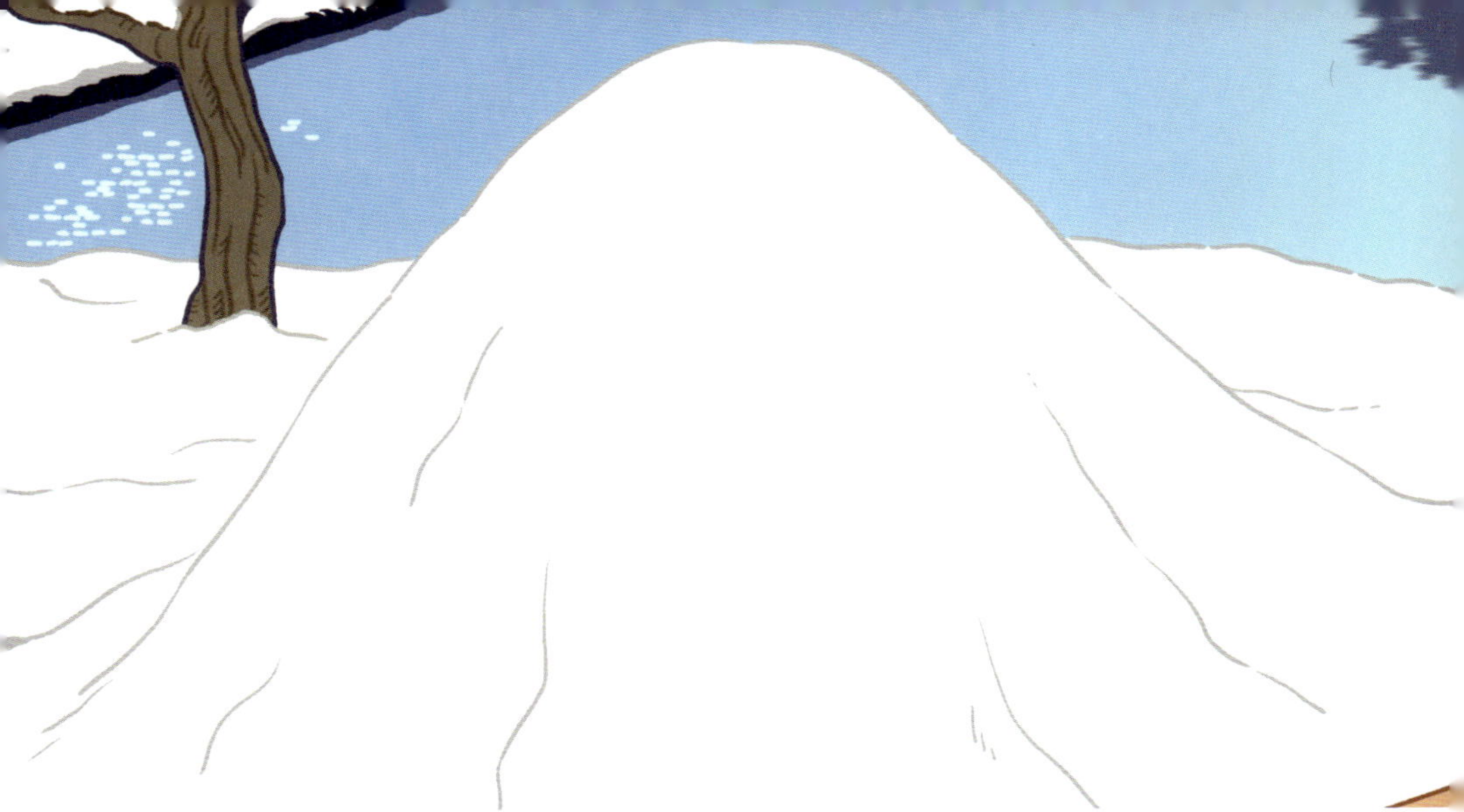

ばかみたいだった。

月末《げつまつ》が近《ちか》づいた。雪《ゆき》の山《やま》はちょっと低《ひく》くなったけれど、まだまだしっかりしていて、人《ひと》が登《のぼ》っても大丈夫《だいじょうぶ》だ。

そして、人《ひと》の思《おも》いや予想《よそう》とは関係《かんけい》なく雪《ゆき》の山《やま》はもちこたえ、無事《ぶじ》に新年《しんねん》をむかえた。

一月一日《いちがつついたち》の夜《よる》、また雪《ゆき》がたくさん降《ふ》った。

(うれしい！　新《あたら》しい雪《ゆき》が山《やま》の上《うえ》に積《つ》もった)

わたしがこっそり喜《よろこ》んでいると、定子《さだこ》

さまがお命《めい》じになった。

「これはずるい。もとの雪《ゆき》の山《やま》はそのままにして、新《あたら》しい雪《ゆき》だけ取《と》って捨《す》てなさい」

ああ、残念《ざんねん》……。

けれど、定子《さだこ》さまは正《ただ》しい。公平《こうへい》だ。

しかし雪《ゆき》の山《やま》は、雪国越《ゆきぐにこし》の国《くに》にある本物《ほんもの》の山《やま》★みたいにどっしりしていて、消《き》えるようには見《み》えない。黒《くろ》くよごれて見栄《みば》えは悪《わる》くなったけれど、わたしはわくわく期待《きたい》しはじめた。

(これは本当《ほんとう》にもつかもしれない。なんとしてでも十五日《じゅうごにち》までもたせてください、観音《かんのん》さま)

ほかの人《ひと》たちは

「七日《なのか》までもたないよ」

と言《い》っているけれど、そんなことはない。

★雪国《ゆきぐに》～本物《ほんもの》の山《やま》…100ページで登場《とうじょう》した白山《はくさん》のこと。

ところが、三日《みっか》になって、定子《さだこ》さまは帝《みかど》さまのお住《す》まいである内《だい》裏《り》へ移《うつ》ることになった。しばらくはこちらにはもどれない。

これでは、この雪《ゆき》の山《やま》の最後《さいご》を見届《みとど》けることができないかもしれない。みんな心《こころ》から残念《ざんねん》がった。定子《さだこ》さまもそうおっしゃる。

ただ、定子《さだこ》さまと一条《いちじょう》の帝《みかど》さまは久《ひさ》しぶりにごいっしょにお過《す》ごしになれるので、うれしいできごとではあるのだ。

わたしは庭《にわ》の木《き》の手入《てい》れをする庭番《にわばん》の女《おんな》の人《ひと》を縁先《えんさき》★に呼《よ》びよせ、たのんだ。

「この雪《ゆき》の山《やま》をしっかりと守《まも》って、下働《したばたら》きの子《こ》どもたちに踏《ふ》み荒《あ》らさせないようにたのみます。十五日《じゅうごにち》までもちこたえさせたら、すばらしいごほうびがいただけるはずです。わたしからもたくさんお礼《れい》を言《い》いたいと思《おも》います」

めずらしいお菓子《かし》を多《おお》めにわたすと、庭番《にわばん》はにこにこしながら引《ひ》

★縁先《えんさき》…縁側《えんがわ》（建物《たてもの》の一番外側《いちばんそとがわ》の床《ゆか》）の外側《そとがわ》のはし。

き受《う》けた。

「お安《やす》いご用《よう》でございます。確実《かくじつ》にお守《まも》りしましょう。子《こ》どもたちを登《のぼ》らせません」

「そう、子《こ》どもたちを止《と》めて。言《い》うことを聞《き》かない者《もの》がいたら、その者《もの》の名前《なまえ》を教《おし》えて」

三日《みっか》に定子《さだこ》さまが内裏《だいり》へお移《うつ》りのあと、わたしはしばらくお休《やす》みがいただけたので、七日《なのか》になって実家《じっか》に帰《かえ》った。家《いえ》に着《つ》くと雪《ゆき》の山《やま》が心配《しんぱい》になり、下働《したばたら》きの使用人《しようにん》にようすを見《み》に行《い》ってもらった。七草《ななくさ》のお吸《す》い物《もの》★のあまりを庭番《にわばん》にわたしてもらったのだけれど、帰《かえ》ってきた使用人《しようにん》が
「庭番《にわばん》の人《ひと》は、七草《ななくさ》のお吸《す》い物《もの》をうれしがって拝《おが》んでいましたよ」
と言《い》うので笑《わら》った。

★**七草《ななくさ》のお吸《す》い物《もの》**…春《はる》の七草《ななくさ》を入《い》れて作《つく》り、1月《がつ》7日《か》に無病息災《むびょうそくさい》を願《ねが》って食《た》べる。現代《げんだい》はおかゆだが、当時《とうじ》は吸《す》い物《もの》だった。

実家《じっか》にいても、毎朝《まいあさ》起《お》きたらまず雪《ゆき》の山《やま》が気《き》になる。十日《とおか》に見《み》に行《い》かせた使用人《しようにん》が

「あと五日《いつか》はもちそうです」

と報告《ほうこく》し、わたしはとてもうれしくなった。毎日《まいにち》、昼《ひる》にも夜《よる》にもようすを見《み》に行《い》かせる。

十四日《じゅうよっか》の夜《よる》、大雨《おおあめ》が降《ふ》ってきた。

（この雨《あめ》では、朝《あさ》までにとけて消《き》えてしまう）

わたしは気《き》が気《き》ではない。使用人《しようにん》に見《み》に行《い》かせると、

「座布団《ざぶとん》くらいの大《おお》きさですが、まだ山《やま》として残《のこ》っております。庭《にわ》番《ばん》が厳重《げんじゅう》に管理《かんり》していて、子《こ》どもたちを近《ちか》づけさせません。『明日《あす》どころか明後日《あさって》までもたせましょう。ごほうびをいただきたいのです』と庭番《にわばん》は言《い》っていました」

いよいよ十五日《じゅうごにち》になった。まだ朝暗《あさくら》いうちに、わたしは使用人《しようにん》に

木《き》でできたふたつきの入《い》れ物《もの》をわたし、たのんだ。

「これに、残《のこ》っていた証拠《しょうこ》に雪《ゆき》を入《い》れてきて。汚《きたな》いところは捨《す》てて、白《しろ》くてきれいなところだけでいいから」

なのに使用人《しようにん》はすぐ帰《かえ》ってきた。

「とっくにとけて消《き》えてました」

「そんなはずは……！　どうして⁉」

「庭番《にわばん》が『昨日《きのう》、暗《くら》くなるまでは、雪《ゆき》はありました。ごほうびがいただけると思《おも》っていたのに』とくやしがって大《おお》さわぎしています」

そこへ定子《さだこ》さまからのお使《つか》いが来《き》て、

『雪《ゆき》は今日《きょう》までありましたか』

とのお言葉《ことば》を伝《つた》えられた。

わたしは本当《ほんとう》にくやしくて腹《はら》が立《た》った。定子《さだこ》さまに伝言《でんごん》をお願《ねが》いする。

「ほかの人《ひと》が『年《とし》が明《あ》けないうちに消《き》える』とか『一月一日《いちがつついたち》までもたない』とか言《い》うなか、昨日《きのう》の陽《ひ》がしずむまで雪《ゆき》は残《のこ》っておりましたので、わたしはよく当《あ》てたほうではないかと思《おも》います。

今日十五日《きょうじゅうごにち》までもちこたえそうだったので、だれかがわたしをねたんで、夜中《よなか》に雪《ゆき》を片《かた》づけてしまったのかもしれません」

一月二十日《いちがつはつか》になって、わたしは定子《さだこ》さまのおそばにもどった。

「──そのようなわけで、わたしは証拠《しょうこ》の雪《ゆき》を入《い》れ物《もの》のふたに盛《も》って、雪《ゆき》のような白《しろ》い紙《かみ》に歌《うた》を書《か》いて、定子《さだこ》さまにさしあげようと用《よう》意《い》しておりました。なのに、歌《うた》がむだになりました」

調子《ちょうし》に乗《の》って、苦手《にがて》なはずの歌《うた》まで用意《ようい》したのに……。

定子《さだこ》さまは大笑《おおわら》いされた。

「ごめんなさいね。じつは十四日《じゅうよっか》の夜《よる》、雪《ゆき》を片《かた》づけさせたのはわたくしです。警備《けいび》の武士《ぶし》★に命《めい》じました。少納言《しょうなごん》が『だれかが片《かた》づけさせた』と言《い》い当《あ》てたので、とても感心《かんしん》しましたよ。

　庭番《にわばん》は手《て》をすりあわせて、やめてくださいと武士《ぶし》にたのんだようね。けれど『中宮《ちゅうぐう》さまのご命令《めいれい》です。清少納言《せいしょうなごん》には秘密《ひみつ》にしていなさい』と武士《ぶし》に言《い》わせました。

　武士《ぶし》によると、『雪《ゆき》はとてもかたく、思《おも》ったよりもたくさんございました』とのことよ。そのままだったら、二十日《はつか》までももちこたえたかも」

★武士《ぶし》…平安時代《へいあんじだい》、宮中《きゅうちゅう》や天皇《てんのう》の警護《けいご》を行《おこな》っていた。

定子《さだこ》さまのお言葉《ことば》に、わたしがあっけにとられていると、さらにこうおっしゃる。

「このできごとは帝《みかど》のお耳《みみ》にも入《はい》られて、『本当《ほんとう》によく当《あ》てたものである』とおっしゃっていらしたのよ。その場《ば》でお仕《つか》えしていた殿《てん》上人《じょうびと》のかたがたも、そのお言葉《ことば》を聞《き》いています。せっかく歌《うた》を詠《よ》んだのだから、その歌《うた》を聞《き》かせて。証拠《しょうこ》の雪《ゆき》を持《も》ってこなくても、あなたが勝《か》ったと、みんなが認《みと》めているのだから」

正直《しょうじき》、わたしは傷《きず》ついた。

わたしの予想《よそう》どおり、十五日《じゅうごにち》を過《す》ぎても雪《ゆき》が残《のこ》っていたら、本当《ほんとう》にだれかがわたしをねたんで意地悪《いじわる》をしたかもしれない。

それを心配《しんぱい》して、定子《さだこ》さまが雪《ゆき》を片《かた》づけさせたのはわかっている。でも、事前《じぜん》にそう言《い》ってほしかった。庭番《にわばん》にも嘘《うそ》をついてだました形《かたち》になった。

「……歌《うた》は披露《ひろう》する気《き》になれません」

わたしがうつむいていると、そこへ帝《みかど》さまがおでましになった。

わたしのようすをごらんになったのか、こうおっしゃる。

「中宮《ちゅうぐう》が清少納言《せいしょうなごん》をかわいがっていると思《おも》っていたが、この少納言《しょうなごん》のようすでよくわからなくなった」

一条《いちじょう》の帝《みかど》さまはわたしをかばってくださったのだとわかるけれど、かえってわたしが悪《わる》いみたいで、本当《ほんとう》につらく、泣《な》きそうになる。

でも、ここで泣《な》いたらわたしらしくない。帝《みかど》さまも定子《さだこ》さまも、みんなつらい気持《きも》ちになる。

わたしは気持《きも》ちをふるい立《た》たせ、こう申《もう》しあげた。

「一日《ついたち》に、新《あたら》しく降《ふ》り積《つ》もった雪《ゆき》を喜《よろこ》びましたのに、定子《さだこ》さまは

『これはずるい。もとの雪《ゆき》の山《やま》はそのままにして、新《あたら》しい雪《ゆき》だけ取《と》って捨《す》てなさい』

とおっしゃいました。まことに公平《こうへい》なことと感《かん》じ入《い》りました。定《さだ》子《こ》さまはそのようなおかたでございます」

わたしは、わたしの個性《こせい》を受《う》け入《い》れてくださった定子《さだこ》さまにお仕《つか》えすると決《き》めたのだ。多少《たしょう》の行《い》き違《ちが》いも、わたしのためを思《おも》ってくださってのはず。

その気《き》持《も》ちが伝《つた》えられたようで、帝《みかど》さまがほほえまれた。定子《さだこ》さまと帝《みかど》さまがまなざしをかわされて笑《わら》いあっていらっしゃるごようすに、わたしは

(これでよかったのだ、おふたりの笑《え》顔《がお》で終《お》われたのだから)

と、うれしく思《おも》ったのだった。

五《ご》　わたしが何《なに》より好《す》きなもの

定子《さだこ》さまのおなかに新《あたら》しいお命《いのち》が宿《やど》られた。

この年《とし》の初《はじ》め、定子《さだこ》さまは内裏《だいり》の中《なか》にもどれていたものの、半年《はんとし》ほどで内裏《だいり》が火事《かじ》になり、帝《みかど》さまは仮《かり》の内裏《だいり》に移《うつ》られた。

定子《さだこ》さまは姫宮《ひめみや》さまと職御曹司《しきのみぞうし》におられたが、出産時《しゅっさんじ》はそこを出《で》て、町《まち》にあるお屋敷《やしき》を使《つか》わなければならない決《き》まりだ★。

けれど、貴族《きぞく》の頂点《ちょうてん》に立《た》つ道長《みちなが》さまをおそれ、貴族《きぞく》たちがだれも協力《きょうりょく》してくれなくて、引《ひ》き受《う》けてくれたのはふだんからお世話《せわ》をしてくれる身分《みぶん》の低《ひく》い役人《やくにん》ひとりだけだった。

秋《あき》にその役人《やくにん》平生昌殿《たいらのなりまさどの》の自宅《じたく》へ移《うつ》って、出産《しゅっさん》を待《ま》つ。

親切《しんせつ》な生昌殿《なりまさどの》は、とても気《き》をつかって準備《じゅんび》をしてくださった。ただ、気《き》をつかいすぎて慣《な》れない言葉《ことば》づかいになるのがちょっとおも

★**出産《しゅっさん》は～決《き》まりだ**…当時《とうじ》は出産《しゅっさん》のときは身分《みぶん》の高《たか》い低《ひく》いに関《かか》わらず、みな宮中《きゅうちゅう》を出《で》て、実家《じっか》などにもどって産《う》んだ。出産時《しゅっさんじ》、血《ち》が流《なが》れるのはけがれ（宗教的《しゅうきょうてき》に神聖《しんせい》ではない）とされたため。

しろい。

「姫宮《ひめみや》さまのおつきのおじょうさんがたの着物《きもの》の上《うわ》っぱりは、何色《なにいろ》でお作《つく》りすればよろしいでございましょうか」

「姫宮《ひめみや》さまのお食事《しょくじ》のお盆《ぼん》やその上《うえ》にのせるお皿《さら》は、大人《おとな》のものでは合《あ》わないでございましょう。ちゅうせいお盆《ぼん》にちゅうせいお皿《さら》がよろしいでございましょう」

ちゅうせい、は小《ちい》さいという意味《いみ》なのかしら、とおもしろくなったわたしが、

「そうそう。上《うわ》っぱりを着《き》たおつきの者《もの》たちも仕事《しごと》がしやすくよろしいでございましょうね、ちゅうせいお皿《さら》なら」

と答《こた》えてからかうと、定子《さだこ》さまからたしなめられた。

「笑《わら》いあえるような関係《かんけい》のほかの人《ひと》ならともかく、その人《ひと》を笑《わら》ってはいけません。とてもまじめなだけなのだから」

まさにそのとおりで、わたしは反省《はんせい》すると同時《どうじ》に、定子《さだこ》さまはどなたにでも心《こころ》やさしく、思《おも》いやりにあふれたかたなのだと感動《かんどう》したのだった。

そして冬《ふゆ》、定子《さだこ》さまは男《おとこ》のお子《こ》さま——若宮《わかみや》★さまをご出産《しゅっさん》になった。帝《みかど》さまのお喜《よろこ》びようはこの上《うえ》なかった。

けれどその出産《しゅっさん》の時期《じき》にわざと合《あ》わせて、道長《みちなが》さまは一《いち》の姫君《ひめぎみ》★彰子《あきこ》さまを、帝《みかど》さまのおきさき候補《こうほ》として内裏《だいり》に送《おく》りこんできたのだ。まだ十二歳《じゅうにさい》の少女《しょうじょ》を。

貴族《きぞく》のかたがたは道長《みちなが》さまが開《ひら》いたお祝《いわ》いの宴《うたげ》に行《い》ってしまい、定子《さだこ》さまのご出産祝《しゅっさんいわ》いとお見舞《みま》いに来《き》てくださったかたは、わずか数人《すうにん》だった。

それでも、将来帝《しょうらいみかど》さまになられる可能性《かのうせい》が高《たか》い若宮《わかみや》さまをぶじご

★若宮《わかみや》…皇族《こうぞく》の子《こ》。幼少《ようしょう》の皇子《みこ》。
★一《いち》の姫君《ひめぎみ》…長女《ちょうじょ》。

出産《しゅっさん》になられたことが、定子《さだこ》さまに希望《きぼう》をもたらしていた。

姫宮《ひめみや》さまはすっかり大《おお》きくなられ、三《みっ》つ年下《としした》の弟君《おとうとぎみ》であられる若《わか》宮《みや》さまがお生《う》まれになったころは、かわいい盛《さか》りだ。

もちろん、赤《あか》ちゃんの若宮《わかみや》さまもとってもかわいい。

わたしも、いつもの「好《す》きなもの、おもしろいこと」を書《か》く紙《かみ》に、かわいらしいごようすを書《か》くことが多《おお》くなっていた。

『かわいいもの。赤《あか》ちゃんが急《いそ》いではいはいしてくるとちゅうで、とても小《ちい》さなごみが落《お》ちているのをすばやく見《み》つけ、細《ほそ》くちっちゃな指《ゆび》でつまんで大人《おとな》たちに見《み》せてくるのが、とってもかわいい。

かわいいかわいい赤《あか》ちゃんを、ちょっとだけと思《おも》ってだっこし、あやして遊《あそ》ばせかわいがっているうちに、だきついてきて眠《ねむ》っちゃうのが本当《ほんとう》にたまらなくかわいい。

うつくしきもの
……（中略《ちゅうりゃく》）……
二《ふた》つ三《み》つばかりなるちごの、
急《いそ》ぎてはひ《（い）》来《く》る道《みち》に、
いとちひ《（い）》さき塵《ちり》のありけるを
目《め》ざとに見《み》つけて、
いとをか《（お）》しげなるおよびにとらへ《（え）》て、
大人《おとな》などに見《み》せたる、いとうつくし。

（かわいいもの。赤《あか》ちゃんが
急《いそ》いではいはいしてくるとちゅうで、
とても小《ちい》さなごみが落《お》ちているのを
すばやく見《み》つけ、
細《ほそ》くちっちゃな指《ゆび》でつまんで
大人《おとな》たちに見《み》せてくるのが、とってもかわいい。）

を《お》かしげなるちごの、
あからさまにいだきて
遊《あそ》ばし
うつくしむほどに、
かいつきて寝《ね》たる、
いとら《ろ》うたし。

（かわいいかわいい赤《あか》ちゃんを、
ちょっとだけと思《おも》ってだっこし、
あやして遊《あそ》ばせ
かわいがっているうちに、
だきついてきて眠《ねむ》っちゃうのが
本当《ほんとう》にたまらなくかわいい。）

お人形遊《にんぎょうあそ》びのお道具《どうぐ》もかわいいし、なんでもかんでもとにかく小《ちい》さいものは全部《ぜんぶ》かわいい』

かわいいといえば、猫《ねこ》もかわいい。

わたしがとくに好《す》きなのは、背中側《せなかがわ》というか上《うえ》から見《み》たら全部《ぜんぶ》真《ま》っ黒《くろ》で、でもおなかは真《ま》っ白《しろ》な猫《ねこ》だ。

宮中《きゅうちゅう》には犬《いぬ》も猫《ねこ》も飼《か》われていて、みんなからかわいがられている。犬《いぬ》は番犬《ばんけん》なので、建物《たてもの》ごとに何《なん》びきもすんでいる。宮中《きゅうちゅう》にもどろぼうが入《はい》ることだってあるかもしれないからだ。

一条《いちじょう》の帝《みかど》さまも「命婦《みょうぶ》のおとど」と名《な》づけためす猫《ねこ》をとてもかわいがっておられた。子猫《こねこ》が生《う》まれたときは人《ひと》の出産《しゅっさん》と同《おな》じお祝《いわ》いをされた。

翌年《よくとし》、定子《さだこ》さまは三人目《さんにんめ》のお子《こ》さまをおなかに宿《やど》された。

しかしその前《まえ》に道長《みちなが》さまの一《いち》の姫君《ひめぎみ》彰子《あきこ》さまもまた、帝《みかど》さまの正《せい》式《しき》なおきさきさまとなられた。

帝《みかど》さまのあとつぎになるかもしれない若宮《わかみや》さまの母君《ははぎみ》である定子《さだこ》さまのほうが、道長《みちなが》さまに対《たい》して有利《ゆうり》になったわけではまったくなかった。敬《うやま》われると思《おも》っていた予想《よそう》も、すっかり外《はず》れてしまった。

出産《しゅっさん》にそなえるため、定子《さだこ》さまとお子《こ》さまがたと世話係《せわがかり》のわたしたちは、また生昌殿《なりまさどの》のお屋敷《やしき》にお世話《せわ》になる。

五月《ごがつ》の端午《たんご》の節句《せっく》には、建物《たてもの》に菖蒲《しょうぶ》の葉《は》★をかざり、きれいな薬《くす》玉《だま》★もかざった。定子《さだこ》さまの末《すえ》の妹君《いもうとぎみ》や若《わか》い世話係《せわがかり》たちが、薬玉《くすだま》を姫宮《ひめみや》さまと若宮《わかみや》さまの帯《おび》にかざりつけてさしあげる。

たくさん薬玉《くすだま》が届《とど》けられるなかに、青刺《あおざし》★という、麦《むぎ》の粉《こな》で作《つく》ったお菓子《かし》があった。なので、硯箱《すずりばこ》のふたをひっくり返《かえ》し、青《あお》い紙《かみ》を

★**菖蒲《しょうぶ》の葉《は》**…強《つよ》い香《かお》りが邪気《じゃき》をはらうとされた。
★**薬玉《くすだま》**…様々《さまざま》な香料《こうりょう》を玉《たま》にして、菖蒲《しょうぶ》やよもぎを添《そ》えて五色《ごしき》の糸《いと》を垂《た》らした魔除《まよ》け。
★**青刺《あおざし》**…青麦《あおむぎ》（未熟《みじゅく》な麦《むぎ》）をいり、中身《なかみ》を粉《こな》にしてから糸《いと》のように練《ね》ったお菓子《かし》。妊娠中《にんしんちゅう》の定子《さだこ》が食《た》べやすいお菓子《かし》を、清少納言《せいしょうなごん》は贈《おく》った。

敷《し》いてそこにお菓子《かし》をのせ、定子《さだこ》さまにさしあげた。
すると定子《さだこ》さまはその青《あお》い紙《かみ》のはしを破《やぶ》って歌《うた》をお書《か》きになり、
わたしにくださった。
『みな人《ひと》の　花《はな》や蝶《ちょう》やと　いそぐ日《ひ》も　わが心《こころ》をば　君《きみ》ぞ知《し》りける』
（みんなが花《はな》だ蝶《ちょう》だと、きれいなかざりではしゃいでいるときに、
地味《じみ》だけれどほしいものを贈《おく》ってくれるあなたこそ、わたしの気持《きも》ちをわかっていてくれる）

おほめのお言葉《ことば》の歌《うた》をいただけたのは本当《ほんとう》にありがたく、すばらしいことだ。

このころ、定子《さだこ》さまはあまり体調《たいちょう》がよろしくないごようすだった。

わたしがお仕《つか》えしているあいだ、定子《さだこ》さまからはたびたびお歌《うた》を書《か》いていただいたけれど、このころの思《おも》い出《で》に残《のこ》るお歌《うた》がある。

定子《さだこ》さまが赤《あか》ちゃんだったころからずっと二十何年《にじゅうなんねん》もお世話《せわ》をしていたかたが、夫《おっと》が日向《ひゅうが》の国《くに》★の国司《こくし》★になったので、夫《おっと》の仕事先《しごとさき》へいっしょについていくことになった。

定子《さだこ》さまがそのかたに扇《おうぎ》をいくつも贈《おく》った。その中《なか》に、片側《かたがわ》には日《ひ》の光《ひかり》がとてもうららかに射《さ》している地方《ちほう》の役所《やくしょ》の建物《たてもの》を描《えが》き、片側《かたがわ》には京《きょう》の都《みやこ》の建物《たてもの》に雨《あめ》がはげしく降《ふ》るようすを描《えが》いたものがあった。

雨《あめ》の絵《え》のほうに定子《さだこ》さまが直筆《じきひつ》でお歌《うた》を書《か》かれた。

★日向《ひゅうが》の国《くに》…今《いま》の宮崎県《みやざきけん》のあたり。
★国司《こくし》…地方《ちほう》の役人《やくにん》。

『あかねさす　日《ひ》に向《む》かひ《い》ても　思《おも》ひ《い》いでよ　都《みやこ》は晴《は》れぬ　ながめすらんと』

(日向《ひゅうが》に行《い》っても思《おも》いだしておくれ。都《みやこ》ではわたくしが、晴《は》れない心《こころ》で長雨《ながさめ》を見《み》つめているだろうと)

朝廷《ちょうてい》では道長《みちなが》さまのお力《ちから》がますます強《つよ》く、定子《さだこ》さまの周《まわ》りから、味方《みかた》になる役人《やくにん》がほとんどいなくなってしまった。みな、道長《みちなが》さまの言《い》いなりだった。

ずっと育《そだ》ててくれた人《ひと》がいなくなる心細《こころぼそ》さを言葉《ことば》にする定子《さだこ》さまが、本当《ほんとう》にお気《き》の毒《どく》でしかたなかった。

『みな人《ひと》の　花《はな》や蝶《ちょう》やと　いそぐ日《ひ》も』――貴族《きぞく》のかたがたが、花《はな》に近《ちか》よる蝶《ちょう》のように道長《みちなが》さまにすりよっているこのごろ。

わたしは……わたしだけでも最後《さいご》まで定子《さだこ》さまにお仕《つか》えしよう、裏切《うらぎ》らないようにしようと決意《けつい》していた。

日向《ひゅうが》の国《くに》へ行《い》ったそのかたも、定子《さだこ》さまを都《みやこ》に残《のこ》して遠《とお》くはなれるのはつらかったことだろう。

夏《なつ》になりわたしは、定子《さだこ》さまのお体《からだ》の回復《かいふく》やお子《こ》さまのお健《すこ》やかなご誕生《たんじょう》を願《ねが》い、清水寺《きよみずでら》★にお参《まい》りした。何日《なんにち》もとまりこんで祈《いの》りつづける。

すると定子《さだこ》さまからわざわざ書《か》いてくださったお手紙《てがみ》が届《とど》いた。

『山《やま》ちかき　入相《いりあい》の鐘《かね》の　声《こえ》ごとに　恋《こ(う)》ふる心《こころ》の　数《かず》は知《し》るらん

（夕暮《ゆうぐ》れどき、山近《やまちか》いお寺《てら》の鐘《かね》の音《おと》が聞《き》こえるたび、その鐘《かね》をつく回数《かいすう》ほどたくさんあなたを恋《こい》しく思《おも》うわたくしの気持《きも》ちはわかるでしょう？）

なのに、今回《こんかい》はずいぶん長《なが》くお寺《てら》にいるのね。早《はや》く帰《かえ》ってきて』

とてもうれしかった。

★**清水寺**《きよみずでら》…平安京《へいあんきょう》の東《ひがし》にあるお寺《てら》。観音《かんのん》さまがまつられている。

お返事《へんじ》に使《つか》えるようなすてきな紙《かみ》を用意《ようい》していなかったので、紫《むらさき》色《いろ》の蓮《はす》の花《はな》びらにお返事《へんじ》を書《か》いた。

定子《さだこ》さまのお手紙《てがみ》に使《つか》われている紙《かみ》は赤《あか》く、夕暮《ゆうぐ》れの西《にし》の空《そら》のようだった。かつていただいた紙《かみ》に書《か》いてご覧《らん》に入《い》れた「秋《あき》は夕暮《ゆうぐ》れ」を思《おも》いださせた。

夜《よ》明《あ》けの空《そら》と夕暮《ゆうぐ》れの空《そら》、移《うつ》り変《か》わる空《そら》の色《いろ》、うかぶ紫《むらさき》の雲《くも》。わたしの好《す》きな景《け》色《しき》であり、時《じ》間《かん》。

それはわたしのいちばん大切《たいせつ》な時《じ》間《かん》――定子《さだこ》さまと過《す》ごす時《じ》間《かん》に等《ひと》しいものだった。

この年《とし》の終《お》わり。

定子《さだこ》さまは、お生《う》まれになったお子《こ》さまの命《いのち》と引《ひ》き換《か》えにして、仏《ほとけ》さまのいらっしゃる遠《とお》い遠《とお》い国《くに》へ旅《たび》立《だ》たれてしまった。

定子《さだこ》さまがいない場所《ばしょ》に、わたしがいる意味《いみ》はない。わたしのすべては、定子《さだこ》さまとともにあった。

わたしは宮中《きゅうちゅう》を去《さ》り、定子《さだこ》さまとの思《おも》い出《で》を書《か》きつづるくらしに入《はい》ったのだった。

「あなたの好《す》きなことをなんでも書《か》きなさい」

定子《さだこ》さまはそうおっしゃった。

わたしが何《なに》よりも好《す》きだったのは、定子《さだこ》さまとの日々《ひび》、定子《さだこ》さまの笑顔《えがお》、定子《さだこ》さまのお心《こころ》のすばらしさ。

わたしは千年先《せんねんさき》までも伝《つた》わるように、全力《ぜんりょく》であの日々《ひび》を書《か》き残《のこ》す。

もし、定子《さだこ》さまのことをしのびたい、思《おも》い出《で》を共有《きょうゆう》したいかたがおいでならば、書《か》いたものをわたしして読《よ》んでいただこう。

この記録《きろく》が書《か》き写《うつ》され、広《ひろ》く読《よ》みつがれることで、定子《さだこ》さまのすばらしさがいつまでも人《ひと》から人《ひと》へと語《かた》られてゆきますように。

清《せい》少《しょう》納《な》言《ごん》について

清少納言《せいしょうなごん》は、本名《ほんみょう》も生没年《せいぼつねん》も正確《せいかく》な記録《きろく》が残《のこ》っていません。一《ひと》つの説《せつ》として、藤原《ふじわらの》道長《みちなが》と同《おな》じ西暦《せいれき》九六六年《ねん》生《う》まれだったと考《かんが》えられており、また、一〇二〇年代《ねんだい》に六〇歳前後《さいぜんご》で亡《な》くなったという説《せつ》もあります。

父《ちち》は、清原元輔《きよはらのもとすけ》という平安時代中期《へいあんじだいちゅうき》を代表《だいひょう》する歌人《かじん》で、とてもユーモアのある人《ひと》でした。その末娘《すえむすめ》として生《う》まれています。少女《しょうじょ》のころに父《ちち》が周防守《すおうのかみ》（周防国《すおうのくに》の長官《ちょうかん》）になったので、一緒《いっしょ》に現在《げんざい》の山口県《やまぐちけん》の瀬戸内海側《せとないかいがわ》に行《い》って、暮《く》らしたと考《かんが》えられています。

九六六年《ねん》生《う》まれだとすると十六歳《さい》のときに、一《ひと》つ年上《としうえ》の橘則光《たちばなののりみつ》という中級貴族《ちゅうきゅうきぞく》と結婚《けっこん》して翌年男《よくとしおとこ》の子《こ》を出産《しゅっさん》します。その後《ご》、則光《のりみつ》とは離婚《りこん》したようですが仲《なか》はよく、『枕草子《まくらのそうし》』に則光《のりみつ》は清少納言《せいしょうなごん》のお兄《にい》さま、清少納言《せいしょうなごん》は則光《のりみつ》の妹君《いもうとぎみ》として交流《こうりゅう》があったことが宮中《きゅうちゅう》の貴族《きぞく》たちに知《し》られていた」と書《か》かれています。恋愛関係《れんあいかんけい》である夫婦《ふうふ》ではなく、兄《あに》と妹《いもうと》みたいな仲《なか》になったのでしょう。

九九三年《ねん》の冬《ふゆ》に定子《さだこ》のもとに女房《にょうぼう》として仕《つか》えるようになりましたが、一〇〇〇年《ねん》の年末《ねんまつ》に定子《さだこ》が亡《な》くなったあと、清少納言《せいしょうなごん》がどうなったのかはよくわかりません。断片《だんぺん》的《てき》な記録《きろく》から、藤原棟世《ふじわらのむねよ》というかなり年上《としうえ》の中流貴族《ちゅうりゅうきぞく》と再婚《さいこん》したらしいこと、女《おんな》の子《こ》を産《う》んだという説《せつ》があります。

また、彰子《あきこ》に仕《つか》えている赤染衛門《あかぞめえもん》（歌人《かじん》で『栄花物語《えいがものがたり》』前半部分《ぜんはんぶぶん》の作者《さくしゃ》といわれる）や和泉式部《いずみしきぶ》（歌人《かじん》で『和泉式部日記《いずみしきぶにっき》』の作者《さくしゃ》）と手紙《てがみ》をやりとりしていました。しかし紫式部《むらさきしきぶ》（『源氏物語《げんじものがたり》』の作者《さくしゃ》）と交流《こうりゅう》があったという記録《きろく》がまったく見《み》つかっておらず、紫式部《むらさきしきぶ》が『紫式部日記《むらさきしきぶにっき》』に清少納言《せいしょうなごん》の悪口《わるぐち》を一方的《いっぽうてき》に書《か》いています。清少納言《せいしょうなごん》が、定子《さだこ》の死《し》によって女房《にょうぼう》をやめてから四、五年後《ねんご》に紫式部《むらさきしきぶ》が彰子《あきこ》に仕《つか》えたので、ふたりが顔《かお》を合《あ》わせることはありませんでした。それなのに悪口《わるぐち》を書《か》いたのは、清少納《せいしょうな》言《ごん》がいなくなっても内裏《だいり》でみなに読《よ》まれて評判《ひょうばん》になっている『枕草子《まくらのそうし》』に対《たい》して、自《じ》分《ぶん》が書《か》いている『源氏物語《げんじものがたり》』のほうがもっとすばらしい作品《さくひん》になって、みなに認《みと》められるはずだという紫式部《むらさきしきぶ》の気持《きも》ちが出《で》てしまったのではないかと考《かんが》えます。それが紫《むらさき》式部《しきぶ》が彰子《あきこ》にお仕《つか》えしたときの役目《やくめ》だったからです。

清少納言《せいしょうなごん》がこれを読《よ》んだかどうかわかりませんが、紫式部《むらさきしきぶ》より少《すこ》し年上《としうえ》で、彼女《かのじょ》の立場《たちば》もわかっていたと思《おも》うので、無視《むし》していたのかもしれません。

一方《いっぽう》、清少納言《せいしょうなごん》の娘《むすめ》は小馬命婦《こまのみょうぶ》という呼《よ》び名《な》で彰子《あきこ》に仕《つか》え、紫式部《むらさきしきぶ》の娘《むすめ》の大弐三位《だいにのさんみ》（このころは越後弁《えちごのべん》という呼《よ》び名《な》でした）や和泉式部《いずみしきぶ》の娘《むすめ》の小式部内侍《こしきぶのないし》と同僚《どうりょう》だったようです。

『枕草子《まくらのそうし》』を読《よ》むための年表《ねんぴょう》

※年表中《ねんぴょうちゅう》の季節《きせつ》や月《つき》は旧暦《きゅうれき》（昔《むかし》のカレンダー）で表《あらわ》しています。1～3月《がつ》が春《はる》、4～6月《がつ》が夏《なつ》、7～9月《がつ》が秋《あき》、10～12月《がつ》が冬《ふゆ》です。

本書《ほんしょ》の章《しょう》	年《ねん》	時期《じき》	政治《せいじ》・歴史的《れきしてき》なできごと	時期《じき》	清少納言《せいしょうなごん》や定子《さだこ》のまわりのできごと
一《いち》	993（正暦《しょうりゃく》4）年《ねん》	4月《がつ》	藤原道隆《ふじわらのみちたか》が関白《かんぱく》（貴族《きぞく》の中《なか》でもっとも高《たか》い地位《ちい》）につき、権力《けんりょく》を強《つよ》める	冬《ふゆ》	清少納言《せいしょうなごん》が女房《にょうぼう》として初《はじ》めて宮中《きゅうちゅう》に行《い》き、定子《さだこ》に仕《つか》えはじめる
	994（正暦《しょうりゃく》5）年《ねん》			2月《がつ》	藤原道隆《ふじわらのみちたか》が寺《てら》ですべてのお経《きょう》を新《あら》たに写《うつ》して納《おさ》める供養《くよう》をする
				春《はる》	清少納言《せいしょうなごん》が定子《さだこ》に歌《うた》を詠《よ》むように命《めい》じられる 清少納言《せいしょうなごん》が定子《さだこ》から紙《かみ》をもらい、枕草子《まくらのそうし》を書《か》き始《はじ》める
二《に》	995（長徳元《ちょうとくがん》）年《ねん》	4月《がつ》	道隆《みちたか》が亡《な》くなる 道隆《みちたか》の8歳下《さいした》の弟《おとうと》・道兼《みちかね》が関白《かんぱく》につくが、すぐに病気《びょうき》で亡《な》くなる	1月《がつ》	定子《さだこ》のすぐ下《した》の妹《いもうと》が、東宮《とうぐう》（皇太子《こうたいし》）と結婚《けっこん》するため、内裏《だいり》（皇居《こうきょ》）に入《はい》る
		5月《がつ》	道隆《みちたか》の13歳下《さいした》の弟《おとうと》・道長《みちなが》が、一条《いちじょう》の帝《みかど》から内覧《ないらん》（関白《かんぱく》とほぼ同《おな》じ役割《やくわり》）に任命《にんめい》される		
		6月《がつ》	道長《みちなが》が伊周《これちか》より高《たか》い地位《ちい》につく		
		7月《がつ》	道長《みちなが》と伊周《これちか》が朝廷《ちょうてい》で口論《こうろん》		
		8月《がつ》	隆家《たかいえ》の付《つ》き人《びと》が道長《みちなが》の付《つ》き人《びと》を殺害《さつがい》		
三《さん》	996（長徳《ちょうとく》2）年《ねん》	1月《がつ》	前《まえ》の帝《みかど》・花山院《かざんいん》が伊周《これちか》、隆家《たかいえ》とその警護人《けいごにん》におそわれる	夏《なつ》	清少納言《せいしょうなごん》が、道長《みちなが》に通《つう》じ定子《さだこ》を裏切《うらぎ》っているとうわさされる。定子《さだこ》の元《もと》を去《さ》り、実家《じっか》にもどる
		4月《がつ》	伊周《これちか》と隆家《たかいえ》の追放《ついほう》が決《き》まる		
		5月《がつ》	定子《さだこ》が髪《かみ》を切《き》って尼《あま》になる（＝出家《しゅっけ》：これまでの生活《せいかつ》や家族《かぞく》を捨《す》て、仏教《ぶっきょう》の修行《しゅぎょう》を始《はじ》めること）		

ポイント❶

枕草子《まくらのそうし》は定子《さだこ》の生前《せいぜん》から書《か》き始《はじ》められていた。定子《さだこ》やその家族《かぞく》の華《はな》やかな日々《ひび》の記録《きろく》は、この時期《じき》に集中《しゅうちゅう》している。

ポイント❷

995年《ねん》4月《がつ》に道隆《みちたか》が亡《な》くなると、伊周《これちか》と道長《みちなが》の激《はげ》しい競争《きょうそう》が起《お》こった。
996年《ねん》1月《がつ》、花山院《かざんいん》がおそわれる事件《じけん》をきっかけに、伊周《これちか》と隆家《たかいえ》、定子《さだこ》はあっというまに政治《せいじ》での力《ちから》や立場《たちば》を失《うしな》った。

四《し》

五《ご》

- 6月《がつ》　定子《さだこ》の実家《じっか》が火事《かじ》になり、定子《さだこ》の母《はは》の兄《あに》（高階明順《たかしなのあきのぶ》）の家《いえ》に移《うつ》る
- 10月《がつ》　定子《さだこ》の母《はは》・高階貴子《たかしなのたかこ》が亡《な》くなる
- 12月《がつ》　定子《さだこ》に第一子《だいいっし》（脩子内親王《ながこないしんのう》）が生《う》まれる
- 秋《あき》　清少納言《せいしょうなごん》が親《した》しくしていた貴族《きぞく》が、清少納言《せいしょうなごん》の元《もと》をたずねる。定子《さだこ》が清少納言《せいしょうなごん》にもどってきてほしいことを知《し》る　定子《さだこ》から手紙《てがみ》を贈《おく》られる

997（長徳《ちょうとく》3）年《ねん》

- 春《はる》　伊周《これちか》、隆家《たかいえ》が京都《きょうと》にもどれることになる
- 6月《がつ》　定子《さだこ》が内裏《だいり》のすぐ近《ちか》くの職御曹司《しきのみぞうし》に移《うつ》る
- 秋《あき》　清少納言《せいしょうなごん》が再《ふたた》び定子《さだこ》に仕《つか》える　清少納言《せいしょうなごん》と定子《さだこ》が中秋《ちゅうしゅう》の名月《めいげつ》の数日前《すうじつまえ》に月《つき》をながめる

998（長徳《ちょうとく》4）年《ねん》

- 5月《がつ》　清少納言《せいしょうなごん》たち女房《にょうぼう》がほととぎすを訪《たず》ねて、郊外《こうがい》に出《で》かける
- 12月《がつ》　定子《さだこ》の部屋《へや》の前《まえ》に作《つく》られた雪山《ゆきやま》がいつまで残《のこ》るか、かけをする

999（長保元《ちょうほうがん》）年《ねん》

- 1月《がつ》　定子《さだこ》が内裏《だいり》（帝《みかど》のいる皇居《こうきょ》）に入《はい》って少《すこ》し滞在《たいざい》する
- 2月《がつ》　道長《みちなが》の娘《むすめ》・彰子《あきこ》が12歳《さい》（満年齢《まんねんれい》11歳《さい》）で着裳《ちゃくも》（貴族《きぞく》の女子《じょし》が成人《せいじん》し、結婚《けっこん》できることを示《しめ》す儀式《ぎしき》を行《おこな》う）
- 8月《がつ》　第二子《だいにし》を妊娠《にんしん》した定子《さだこ》が、出産《しゅっさん》のため平生昌邸《たいらのなりまさてい》に移《うつ》る
- 11月《がつ》　彰子《あきこ》が一条《いちじょう》の帝《みかど》と結婚《けっこん》するために内裏《だいり》に入《はい》る　定子《さだこ》に第二子《だいにし》（敦康親王《あつやすしんのう》）が生《う》まれる
- 1月《がつ》　3日《か》に定子《さだこ》について内裏《だいり》に入《はい》り、7日《か》に退出《たいしゅつ》する。20日《か》に出仕《しゅっし》して雪山《ゆきやま》のかけの結果《けっか》を語《かた》る

1000（長保《ちょうほう》2）年《ねん》

- 2月《がつ》　定子《さだこ》が内裏《だいり》に入《はい》る
- 3月《がつ》　定子《さだこ》と彰子《あきこ》のふたりが、一条《いちじょう》の帝《みかど》の正式《せいしき》なきさきとして認《みと》められる異例《いれい》のできごとが起《お》こる　第三子《だいさんし》を妊娠《にんしん》した定子《さだこ》が、出産《しゅっさん》のため平生昌邸《たいらのなりまさてい》に移《うつ》る
- 8月《がつ》　定子《さだこ》が内裏《だいり》に入《はい》って、再《ふたた》び生昌邸《なりまさてい》にもどる
- 12月《がつ》　定子《さだこ》が第三子《だいさんし》（媄子内親王《よしこないしんのう》）を産《う》んで亡《な》くなる
- 5月《がつ》　平生昌邸《たいらのなりまさてい》で端午《たんご》の節句《せっく》を過《す》ごす　清少納言《せいしょうなごん》が乳母《うば》を見送《みおく》る定子《さだこ》の気持《きも》ちを思《おも》いやる

ポイント❸

一条帝《いちじょうのみかど》の愛《あい》が深《ふか》く、定子《さだこ》は再《ふたた》び子《こ》どもを授《さず》かるが、定子《さだこ》の出産《しゅっさん》と同《おな》じタイミングで、道長《みちなが》が、娘《むすめ》の彰子《あきこ》を一条天皇《いちじょうてんのう》のきさきとする。道長《みちなが》の権力《けんりょく》の高《たか》まりを示《しめ》す。

［コラム❶］

枕草子《まくらのそうし》のその後《ご》の歴史《れきし》

①定子《さだこ》の３人《にん》の子《こ》どもたち

藤原定子《ふじわらのさだこ》が亡《な》くなったのは西暦《せいれき》一〇〇〇年《ねん》の年末《ねんまつ》です。三人《さんにん》の子《こ》どもたちが残《のこ》されました。定子《さだこ》のもとには末《すえ》の妹君《いもうとぎみ》が仕《つか》えていたので、初《はじ》めは妹《いもうと》が子《こ》どもたちの面倒《めんどう》を見《み》ていたようです。

しかし、道長《みちなが》が将来《しょうらい》の帝候補《みかどこうほ》である若宮《わかみや》――敦康親王《あつやすしんのう》を、彰子《あきこ》の養子《ようし》として引《ひ》きとりました。彰子《あきこ》に将来《しょうらい》、男《おとこ》の子《こ》が生《う》まれなかったときのためでしょう。

残《のこ》されたふたりの娘《むすめ》ですが、保護者《ほごしゃ》になってくれそうな親戚《しんせき》が次々《つぎつぎ》に亡《な》くなってしまいます。定子《さだこ》の妹《いもうと》たちは若《わか》くして数年以内《すうねんいない》に亡《な》くなり、定子《さだこ》の兄《あに》の伊周《これちか》は元《もと》のような権力《けんりょく》を取《と》りもどせず、道長《みつなが》の暗殺《あんさつ》を計画《けいかく》したようです。

いっぽう、定子《さだこ》の弟隆家《おとうとたかいえ》は道長《みちなが》の下《した》で生《い》き延《の》びる方向《ほうこう》にかたむきます。残念《ざんねん》ながら、定子《さだこ》の命《いのち》と引《ひ》きかえに生《う》まれた次女《じじょ》の姫宮《ひめみや》は九《きゅう》歳《さい》で亡《な》くなりました。長女《ちょうじょ》の姫宮《ひめみや》――脩子内親王《ながこないしんのう》の保護者《ほごしゃ》は隆家《たかいえ》となりました。

②一条《いちじょう》の帝《みかど》と彰子《あきこ》

道長《みちなが》の長女彰子《ちょうじょあきこ》が一条《いちじょう》の帝《みかど》に嫁《とつ》いだのは、現在《げんざい》ならまだ小学五年《しょうがくごねん》生《せい》くらいでした。一条《いちじょう》の帝《みかど》の最愛《さいあい》の妻定子《つまさだこ》が、子《こ》どもを産《う》むことになったからです。その出産《しゅっさん》の時期《じき》に、道長《みちなが》は彰子《あきこ》の結婚《けっこん》の儀式《ぎしき》をかぶせます。

このような、道長《みちなが》による定子《さだこ》とその家族《かぞく》へのいやがらせは、たびたび行《おこな》われています。彰子《あきこ》はそれをいいことだとはけっして思《おも》っていませんでした。とてもおとなしい性格《せいかく》だった、と紫式部《むらさきしきぶ》が『紫式《むらさきしき》部日記《ぶにっき》』に書《か》き残《のこ》している彰子《あきこ》ですが、心《こころ》は強《つよ》かったようです。

定子《さだこ》が亡《な》くなり、八年後《はちねんご》、大人《おとな》になった彰子《あきこ》は一条《いちじょう》の帝《みかど》の子《こ》を産《う》みます。男《おとこ》の子《こ》です。さらに翌年《よくとし》にも男《おとこ》の子《こ》を産《う》んでいます。父親《ちちおや》の言《い》うなりではなくなってきた彰《あき》子《こ》と、一条《いちじょう》の帝《みかど》は次第《しだい》に仲《なか》が深《ふか》まったのでしょう。

一条《いちじょう》の帝《みかど》はその二年後《にねんご》に病気《びょうき》で亡《な》くなります。彰子《あきこ》はしっかりと息子《むすこ》たちを育《そだ》て、やがて帝《みかど》となった息子《むすこ》たちを支《ささ》え、ひ孫《まご》が帝《みかど》になったのちの八十七歳《はちじゅうななさい》まで生《い》きました。

〚コラム❶〛

枕草子《まくらのそうし》のその後《ご》の歴史《れきし》

③道長家《みちながけ》の栄華《えいが》

一〇一〇年《ねん》の初《はじ》め、定子《さだこ》の死《し》から九年《ねん》あまり後《のち》に兄《あに》・伊周《これちか》が亡《な》くなり、翌年《よくねん》の夏《なつ》には一条《いちじょう》の帝《みかど》も亡《な》くなります。こうして、世《よ》の中《なか》は道長《みちなが》が栄華《えいが》を極《きわ》める方向《ほうこう》へと、確《かく》実《じつ》にむかうのでした。

道長《みちなが》の長女《ちょうじょ》の彰子《あきこ》は一〇〇八年《ねん》と一〇〇九年《ねん》にそれぞれ男《おとこ》の子《こ》を産《う》んでいます。また次女《じじょ》妍子《きよこ》は一《いち》条《じょう》の帝《みかど》のいとこで次《つぎ》に即位《そくい》した三《さん》条《じょう》の帝《みかど》の中宮《ちゅうぐう》に、三女《さんじょ》の威子《たけこ》は彰《あき》子《こ》の産《う》んだひとり目《め》の皇子《みこ》である後一条帝《ごいちじょうてい》、四女《よんじょ》の嬉子《よしこ》は彰子《あきこ》の産《う》んだふたり目《め》の皇子《みこ》である後朱雀《ごすざく》帝《てい》の妻《つま》となりました。道長《みちなが》が決《き》めたことです。娘《むすめ》が帝《みかど》の息子《むすこ》を産《う》み、その子《こ》つまり道長《みちなが》の孫《まご》が幼《おさな》くして次《つぎ》の帝《みかど》になれば、その帝《みかど》を支《ささ》える「祖父《そふ》」道長《みちなが》の権力《けんりょく》はだれにもゆるがせられない絶対《ぜったい》のものとなるからです。

威子《たけこ》が後一条帝《ごいちじょうてい》の中宮《ちゅうぐう》になったとき、道長《みちなが》は「この世《よ》をば、我《わ》が世《よ》とぞ思《おも》う」と和歌《わか》を詠《よ》んでいます。世《よ》の中《なか》はすべて自分《じぶん》の思《おも》い通《どお》り、という意味《いみ》だとされます。

④伊周《これちか》や隆家《たかいえ》の子孫《しそん》たち

定子《さだこ》の家族《かぞく》はほろびていったかのように見《み》えますが……弟《おとうと》の隆家《たかいえ》は長生《ながい》きして活躍《かつやく》し、子孫《しそん》がふたたび栄《さか》えます。

隆家《たかいえ》の子孫《しそん》は平安時代《へいあんじだい》の終《お》わりから鎌倉時代《かまくらじだい》になると、多《おお》くが歴《れき》史《し》の重要《じゅうよう》なできごとに関《かか》わります。源頼朝《みなもとのよりとも》の命《いのち》を助《たす》けて死刑《しけい》になるところを伊豆《いず》に流《なが》すことにさせた池禅尼《いけのぜんに》（藤原宗子《ふじわらのむねこ》）、彼女《かのじょ》は隆家《たかいえ》の子孫《しそん》のなかでもとくに歴史《れきし》を大《おお》きく変《か》えるきっかけとなった人物《じんぶつ》でしょう。

奥州藤原氏《おうしゅうふじわらし》の第四代《だいよんだい》である泰衡《やすひら》の母《はは》も、鎌倉幕府第三代将軍《かまくらばくふだいさんだいしょうぐん》源《みなもとの》実朝《さねとも》の妻《つま》も、隆家《たかいえ》の子孫《しそん》の女性《じょせい》です。そして鎌倉幕府《かまくらばくふ》と争《あらそ》った後《ご》鳥《と》羽《ば》院《いん》もまた、隆家《たかいえ》の子孫《しそん》の女性《じょせい》を母親《ははおや》とする、子孫《しそん》のひとりなのでした。

また、道長《みちなが》の息子《むすこ》で彰子《あきこ》たち姉《し》妹《まい》とは母親《ははおや》が異《こと》なる頼宗《よりむね》の妻《つま》は伊《これ》周《ちか》の長女《ちょうじょ》です。

〚コラム❷〛

平安貴族女性《へいあんきぞくじょせい》のおしゃれ事情《じじょう》

平安貴族《へいあんきぞく》の姫君《ひめぎみ》といえば十二単《じゅうにひとえ》ですが、じつは、定子《さだこ》のように位《くらい》の高《たか》い姫君《ひめぎみ》は、十二単《じゅうにひとえ》ではなく小《こ》袿《うちぎ》という着物《きもの》を着《き》ます。彼女《かのじょ》たちに仕《つか》える女房《にょうぼう》が、主人《しゅじん》の前《まえ》で礼《れい》を示《しめ》して正装《せいそう》である十二単《じゅうにひとえ》を着用《ちゃくよう》するのです。

十二単《じゅうにひとえ》で何枚《なんまい》も重《かさ》ねる着物《きもの》の色《いろ》の組《く》み合《あ》わせには、とても気《き》を使《つか》いました。いかに季節《きせつ》に合《あ》っていてセンスがよいか競《きそ》ったのです。手《て》にする扇《おうぎ》のデザインや着物《きもの》の香《かお》りにもとても気《き》をつかいました。

それは私《わたし》たちがファッションやメイクやネイルでいかにおしゃれをするかに気《き》をつかうのとまったく同《おな》じでした。他人《たにん》と競《きそ》うものであるけれど、「だれにも見《み》せなくても、自分自身《じぶんじしん》の気分《きぶん》が上《あ》がる」と清少納言《せいしょうなごん》も書《か》いています。

また、長《なが》く豊《ゆた》かな黒髪《くろかみ》は美人《びじん》の条件《じょうけん》でした。清少納言《せいしょうなごん》は自身《じしん》の髪《かみ》の毛《け》にコンプレックスをもっていたようで、初出仕《はつしゅっし》の際《さい》も『昼間《ひるま》よりも髪《かみ》の筋《すじ》が際立《きわだ》って見《み》えてしまい恥《は》ずかしい』と書《か》いています。

ちなみにこの身長《しんちょう》と同《おな》じくらいに伸《の》びた長《なが》い髪《かみ》、自分《じぶん》では後《うし》ろをとかすことができないので、だれかにとかしてもらっていました。

お姫《ひめ》さまはもちろん世話係《せわがかり》がやるのですが、世話係《せわがかり》たちはペアになっておたがいにとかしあう、と紫式部《むらさきしきぶ》が日記《にっき》に記《しる》しています。

〚コラム❸〛

和歌《わか》・漢詩《かんし》の楽《たの》しみ方《かた》

平安時代《へいあんじだい》の貴族《きぞく》といえば、和歌《わか》と漢詩《かんし》を作《つく》っては雅《みやび》なやりとりをしていた、というイメージです。なぜ和歌《わか》や漢詩《かんし》だったのでしょう。現代《げんだい》の私《わたし》たちから見《み》れば、高尚《こうしょう》で専門的《せんもんてき》で難《むずか》しすぎて、まるで別世界《べっせかい》のできごとのように感《かん》じられるかもしれませんが、じつは私《わたし》たちも似《に》たようなことをしていないわけではないのです。

私《わたし》たちも、人気《にんき》のあるアニメやドラマを見《み》て、「おもしろい」とはまることがよくあります。和歌《わか》や漢詩《かんし》もこれと同《おな》じような存在《そんざい》でした。『古今和歌集《こきんわかしゅう》』に載《の》っている和歌《わか》や、唐《とう》の国《くに》（昔《むかし》の中国《ちゅうごく》）から伝《つた》わった漢詩集《かんししゅう》にある漢詩《かんし》の一部《いちぶ》を使《つか》った「ネタ台詞《せりふ》」「ネタ会話《かいわ》」をしておもしろがるのです。伊周《これちか》が『声《こえ》、明王《めいおう》のねむりをおどろかす』と漢詩《かんし》の一節《いっせつ》を声《こえ》にしたのは、まさにネタ台詞《せりふ》です。

みんなが共通《きょうつう》して知《し》っているコンテンツなのでおもしろさが伝《つた》わるし、同時《どうじ》に「知《し》っている仲間《なかま》なので気《き》が合《あ》う」と確認《かくにん》できます。

さらに、自分《じぶん》たちでもオリジナルの和歌《わか》や漢詩《かんし》を作《つく》ってみるのです。私《わたし》たちが自分《じぶん》でアニメのようなイラストを描《か》いたり、自作漫画《じさくまんが》を描《か》いてみたりするように。

和歌《わか》や漢詩《かんし》は、現代《げんだい》でいうところのいわば「流行《りゅうこう》の創作系《そうさくけい》コンテンツ」だったのですね。

［コラム❹］

平安《へいあん》コトバと現代《げんだい》コトバ

平安時代《へいあんじだい》の作品《さくひん》（古典《こてん》）は、現代《げんだい》とは違《ちが》う古語《こご》を使《つか》っていたりして、難《むずか》しく感《かん》じるかもしれません。でも、今《いま》の言葉《ことば》にも似《に》た意味《いみ》の語《ご》がたくさんあります。

たとえば、「あは《（わ）》れ」は、深《ふか》く感《かん》じる情緒《じょうちょ》を表《あらわ》し、今《いま》の「エモい」と同《おな》じです。

『枕草子《まくらのそうし》』には、さまざまな形容《けいよう》詞《し》がたくさん使《つか》われています。短《みじか》くて、古典《こてん》の中《なか》でもわりと読《よ》みやすい文章《ぶんしょう》が多《おお》いので、興味《きょうみ》があればぜひ原典《げんてん》を読《よ》んでみてください。形容詞《けいようし》に注目《ちゅうもく》しながら読《よ》んでみると、「私《わたし》と同《おな》じ気持《きも》ちだ」と感《かん》じやすく、より親《した》しみがもてるでしょう。

「あはれ」は「エモイ」

感情《かんじょう》が揺《ゆ》さぶられるような、または感動《かんどう》がこみ上《あ》げてくるような、何《なん》とも表現《ひょうげん》しがたい気持《きも》ちを表《あらわ》します。

「を《（お）》かし」は「イケてる」

美《うつく》しい・おもしろい・見事《みごと》だと思《おも》えることを、まとめて「をかし」と表現《ひょうげん》します。「あはれ」はしみじみと心《こころ》に深《ふか》く感《かん》じる情緒《じょうちょ》や美《び》を表《あらわ》すのに対《たい》して、明《あか》るい感《かん》じをもちます。

「いみじ」は「ヤバイ」

「程度《ていど》がはなはだしい」ことを表《あらわ》します。良《よ》いことにも悪《わる》いことにも使《つか》われます。

「にくし」は「ウザイ」

不快《ふかい》の感情《かんじょう》を表《あらわ》す場合《ばあい》に使《つか》われます。現代語《げんだいご》の「憎《にく》い」のように強《つよ》い感情《かんじょう》ではなく「気《き》に入《い》らない」「いやだ」という程度《ていど》の気持《きも》ちを表《あらわ》します。

おわりに

素敵《すてき》なものや可愛《かわい》いもの、うれしいことやいやなこと、いろいろな対象《たいしょう》に興味《きょうみ》を持《も》って何《なん》でも正直《しょうじき》に書《か》いてある『枕草子《まくらのそうし》』を読《よ》むと、作者《さくしゃ》がすぐ身近《みぢか》にいるような気《き》がします。

そんな『枕草子《まくらのそうし》』には、キラキラしたものもたくさん描《えが》かれています。朝日《あさひ》にきらめくクモの巣《す》についた水滴《すいてき》、銀《ぎん》の食器《しょっき》に入《はい》ったかき氷《ごおり》、月光《げっこう》に反射《はんしゃ》する水晶《すいしょう》のような水《みず》しぶき、そして宮廷《きゅうてい》で輝《かがや》いていた定子《さだこ》さまの姿《すがた》。

美《うつく》しい輝《かがや》きは、皆《みな》はかなく消《き》えてしまいますが、だからこそ『枕草子《まくらのそうし》』の中《なか》で永遠《えいえん》に輝《かがや》くようにと清少納言《せいしょうなごん》は願《ねが》ったのです。その願《ねが》いは千年《せんねん》もの時《とき》を越《こ》えて、私《わたし》たちにも届《とど》けられました。歴史《れきし》に残《のこ》るのはだいたい争《あらそ》いに勝《か》った方《ほう》の記録《きろく》ですが、文学《ぶんがく》は負《ま》けた方《ほう》の輝《かがや》きを伝《つた》えてくれます。そんな文学《ぶんがく》の一《ひと》つとして、大切《たいせつ》に読《よ》んでくださるとうれしく思《おも》います。

監修《かんしゅう》・赤間恵都子《あかまえつこ》

おもな参考資料

『枕草子』池田亀鑑・校訂/岩波文庫/1962年

『枕草子　上・中・下』全訳註　上坂信男・神作光一/講談社学術文庫/1999～2003年

『枕草子』新編日本古典文学全集18/松尾聰・永井和子校注・訳/小学館/1997年

『枕草子　上・下』新潮日本古典集成/萩谷朴・校注/新潮社/1977年

『枕草子』大伴茫人・編/ちくま文庫/2007年

『清少納言と紫式部　和漢混淆の時代の宮の女房』日本史リブレット人020/
丸山裕美子・著/山川出版社/2015年

『藤原伊周・隆家　禍福は糾へる纏のごとし』ミネルヴァ日本評伝選/
倉本一宏・著/ミネルヴァ書房/2017年

『藤原道長「御堂関白記」を読む』講談社選書メチエ/倉本一宏・著/講談社/2013年

『藤原道長の日常生活』講談社現代新書2196/倉本一宏・著/講談社/2013年

『源氏物語の時代　一条天皇と后たちのものがたり』朝日選書/山本淳子・著/
朝日新聞出版/2007年

『殴り合う貴族たち』角川ソフィア文庫/繁田信一・著/角川学芸出版/2008年

『一条天皇』人物叢書/倉本一宏・著/吉川弘文館/2003年

『藤原彰子』人物叢書/服藤早苗・著/吉川弘文館/2019年

『藤原氏―権力中枢の一族』倉本一宏・著/中公新書/2017年

『はじめての王朝文化辞典』川村裕子・著/角川ソフィア文庫/2022年

『新訂　枕草子』(上・下)河添房江、津島 知明・訳注/角川ソフィア文庫/2024年

『枕草子のたくらみ　「春はあけぼの」に秘められた思い』朝日選書/山本淳子・著/
朝日新聞出版/2017年

著／時海結以（ときうみ　ゆい）
長野県出身。歴史博物館にて、遺跡の発掘や歴史・民俗資料の調査研究にたずさわったのち、2003年作家デビュー。著書に「あさきゆめみし（全５巻）」（大和和紀・原作）、『平家物語 夢を追う者』『南総里見八犬伝（全３巻）』（いずれも講談社青い鳥文庫）、「小説 青のオーケストラ（１～３巻）」、『小説 金の国　水の国』（いずれも小学館ジュニア文庫）など多数。日本児童文学者協会、日本民話の会に所属。

枕草子をもっと読みたくなったら…

『枕草子』好きな章段
「里にまかでたりしに」清少納言の夫でもあった則光さんが、清少納言の居場所をしゃべらないよう、自分の口にわかめをやたらとつっこむ話。彼の必死な様子が思い浮かんでとにかく面白いから。

監修／赤間恵都子（あかま　えつこ）
石川県金沢市生まれ。日本女子大学大学院博士後期課程修了。博士（文学）。十文字学園女子大学名誉教授。『枕草子』を中心に、平安女性文学を研究。著書に『歴史読み枕草子 清少納言の挑戦状』（三省堂）、監修書に『新編 人生はあはれなり…紫式部日記』『新編 本日もいとをかし!! 枕草子』（KADOKAWA）、『マンガで楽しむ古典 枕草子』（ナツメ社）、『枕草子いとめでたし！』（朝日学生新聞社）などがある。

枕草子をもっと読みたくなったら…

『枕草子』好きな章段
「こころときめきするもの」「にくきもの」「月のいとあかきに」「宮にはじめてまゐ《い》りたるころ」
現代でもわかる作者の気持ち、一瞬の美をとらえる描写、定子との出会いに感動します。

イラスト／ともわか
フリーイラストレーター。愛媛県出身。人物画をメインに、はっきりとした線と色数を絞った配色を得意とし、印象の残るイラストを描く。書籍のカバーイラストや挿絵、広告キービジュアルをはじめ、キャラクターデザイン、MV イラスト、アパレルブランドとのコラボなど、幅広い分野でイラストを手がける。
HP：https://www.7kwmt24.com/
X：@a0PH
Instagram：@tmwk24

著者／時海結以（ときうみ　ゆい）
監修／赤間恵都子（あかま　えつこ）

STAFF
装丁・本文デザイン　渡邊民人・谷関笑子（TYPE FACE）
カバー・本文イラスト　ともわか
校正　株式会社円水社
企画・編集　吉村文香

ジュニア版 名作に強くなる！
歴史がおもしろい枕草子

発行日　2024年10月10日　初版第１刷発行

著　　者　時海結以
発 行 者　岸 達朗
発　　行　株式会社世界文化社
〒102-8187
東京都千代田区九段北4-2-29
電話　03-3262-5118（編集部）
03-3262-5115（販売部）
印刷・製本　株式会社リーブルテック

ISBN978-4-418-24826-1

本の内容に関するお問い合わせは、
以下の問い合わせフォームにお寄せください。
https://x.gd/ydsUz